결코
행복을 나누어줄 만큼
행복이 많이 남아있지
않다는 것을…

파리바게트의 유혹

박원영 첫 번째 시집

파리바게트의 유혹

박원영

−이 시집을 어머님 영전에 바칩니다−

계간문예

■ 책머리에

믿어지지 않는 일이지만
이 세상이 허공에 뜬 별이라면
나 또한 외로운 별,

 지금까지 남의 글만 읽다가 이제 자신의 글을 쓰게 되었다. 그냥 수필 한 편이 아니라, 그것도 처녀시집詩集을…. 망설이다가, 결국 부끄러움을 무릅쓰고 내기로 했다.
 나는 어린 소년·소녀 적의 슬픔을 오래까지 버리지 못한 적이 있었다.
 바람 부는 날이나 비 오는 날이면 으레 밖을 쏘다니기가 일쑤였다.
 황혼의 저녁노을은 한없이 나를 붙잡아두었으며, 왜 꽃은 피었다가 지는지, 겨울눈은 왜 저토록 하얗게만 세상을 덮는지, 아름다우면서도 슬펐다. 그림 속의 아름다운 여인만 보아도 가슴 밑바닥에서는 슬픔이 밀고 올라왔다.
 그리고 얼마만큼 시간이 지난 후에야 나는 내 방식대로 그 슬픔을 넘어서고, 또 정리했다. '인생은 슬픈 것, 그러나 그 슬픔은 아름다운 것이다.' 그리고 나는 비로소 삶의 기쁨을 받아들였다.
 아주 늦게야 나는 조금씩 인생을 포용하게 되고, 그러면서 이런 저런 글을 틈틈이 친구삼아 긁적거리게 되고, 그러다가 오늘에 이르렀다.
 우리 인생에는 사랑이 없으면 의미가 없다. 또한 감동이 없는 인생에는 더더욱 의미가 없다. 그리고 사랑과 감동은 한 곳에 가두어지지 않는다. 어떤 형태로든 표출된다. 잔잔히 흐르거나…, 아니면 큰소리로 외쳐대거나….

이런 가운데 나는 최근에 너무 소중한 애인愛人을 만났다. 욕심대로 자주 만날 수는 없을지라도 가끔, 지금은 운이 좋으면 한 달에도 몇 번씩 만날 수 있다. 밥을 먹다가도, 때로는 화장실에서도 만나게 된다. 나는 마침내 시詩를 사랑하게 된 것이다. 결코 만만한 상대는 아니지만, 나는 이 만남을 하느님께 깊이 감사드린다. '어찌 저에게 이런 만남을 허락해 주셨습니까!'

인생에 대한 나의 슬픔과, 사랑, 감동, 그리고 그 진실을 나는 마침내 담을 수 있는 그릇을 발견한 셈이다.

그러나 나는 이것만으로는 책을 낼 자신이 없다. 이 감동과 진실, 사랑과 슬픔을 독자와도 함께 소통할 수 있지 않을까…, 감히 조심스레 다짐해본다. 첫 술에 배부르지는 않겠지만, 내가 시를 인생처럼 사랑하고, 사랑하는 만큼 시에 헌신하고, 정열을 쏟는다면 불가능하지만은 않을 것이라고 생각해본다.

밤하늘의 별들이 아름다울수록
지상의 꽃들은 슬픔을 나누시다.

작지만, 나에게는 크나큰 능력이 되게 이끌어주신 조선대 문병란 교수님, 전남대 이상호 교수님, 두 교수님과의 인연에 내가 할 수 있는 최선의 감사와 사랑을 바친다.

2009 기축己丑년 삼월 일일 광주 화정동에서
朴 元 永 識

차례

제1부 바위꽃

- 꽃과 별 13
- 꽃을 주세요 14
- 난蘭 16
- 목련木蓮 18
- 치자꽃 향기 20
- 목단화牧丹花 21
- 능소화 22
- 안개꽃 24
- 상사화相思花 26
- 코스모스 28
- 난 향蘭香 29
- 바위꽃 30
- 수선화水仙花 32
- 무궁화 34

2부 그리움

- 진달래꽃 37
- 그리움 38
- 사랑은 서툴러 40
- 겨울과 봄 41
- 꼬마와 나비 42
- 내 고향 4월 44
- 소녀 45
- 오월 46
- 바다와 조각배 48
- 그대 49
- 파랑새 50
- 비네바위 전설 52
- 어머니 54
- 행복 56

3부 푸른 눈동자

봄	61
사랑은	62
신기루蜃氣樓	63
푸른 눈동자	64
멍에의 꽃	65
고백	66
가난의 얼굴	68
사랑 때문이 아니랍니다	70
때가 끼이면	71
사랑하는 그대	72
홍어洪魚	74
문학 강의실에서	76
우리 이 교수님	79
아내와 나	82

제4부 우리 강이 되어 바다로

봄은 숨어 있다	87
첫사랑	88
강	90
촉석루	91
정情	92
삶	94
암병동	96
우리, 강이 되어 바다로	98
할미꽃 전설	100
사랑의 지우개	102
무등산부賦	104
바다의 해초海草	107
흉터	110
밤바다에서	112

제5부 카페에서

별　115
낚시터에 가면　116
나비의 꿈　118
쪽지편지　119
화음和音　120
카페에서　122
신新새벽　123
외도에 가면　124
첫눈 오는 날　126
모닝커피 한잔　128
사랑한다는 것은　130
내 안에 촛불 하나　132
한글　133
꽃은　139

제6부 파리바게트의 유혹

대한조선　143
광주와 민주주의　146
파리바게트의 유혹誘惑　148
코리아　150
루이비똥과 짝퉁　155
하지 말세론末世論　158
옛말에　160
시인詩人과 생선장수　162
리얼리즘 변이變異　164
게 눈　166
하느님께 문안을　168
오리 발 서울 착着　173
꼼지락병　176
술 파는 카페　178

제7부 이 땅에 씨 뿌리듯

아홉 하늘을 떠도는 구천이	183
서희 아씨	184
길상이	186
용이 아제	188
곰보 윤보	190
전라도 주갑이	192
송영광	194
유인실	196
홍이와 두메	198
몽치	200
이 땅에 씨 뿌리듯	202

발문

자아탐구의 미적 진지성과 장시의 가능성　204
(문병란 시인 · 전 조선대학교 교수)

제1부 바위꽃

아프지
　않은 꽃이
　　어디 있으랴…

꽃과 별

믿어지지 않는 일이지만
세상이 허공에 뜬 별이라면
나 또한 외로운 별,

믿고 싶지 않지만
영원한 사랑이
외로움으로 피는 꽃이라면
나 또한 눈물 속에 피는 꽃,

그대가 세월을 견디지 못하고
이슬처럼 꺼져가는 별이라면
나 또한 그 옆에 시들어가는 별,

밤하늘의 별들이 아름다울수록
지상의 꽃들은 슬픔을 나누시다.

꽃을 주세요

꽃을 주신 후,
떠나가신 당신은
둘도 아닌 저를
사랑하셨지요
사랑보다 더 아픈
눈물도 주셨지요

당신은,
하루 해 기다리는 행복도 주셨습니다.

설마,
아니겠지요
눈물보다 더 슬픈 이별을 주실 뜻은?
꽃을 주신 후
남은 향기가 기다리는 곳,
시든 꽃잎에 모른 체
이별을 던지시는 것은 아니겠지요?

사랑도 주시다가
눈물도 주시다가
행복도 주셨지만,
꽃의 시듦을 보시면
설마,
아니겠지요
눈물보다 더 슬픈 이별을 주실 뜻은?

둘도 아닌 저를 사랑하셨듯,
둘도 아닌 당신을 사랑합니다.

난蘭

난蘭, 붓으로 칠 때
한 촉 곧게 뻗어
하늘을 향하게 치고,
한 촉은 휘어서
여백에 들게 치고,
또 한 촉 뉘어서
마음의 분진粉塵 앉히어 친다

난蘭, 고요히
사계절 푸르러
푸르름 더하고,
날갯짓 파르르
날아간 꽃잎,
푸른 향香 기른다

난蘭, 가만히
머리 맞대인 이마
웃음소리 들리고,
그린 듯 느린 허리
머문 듯 돌아앉아,
수려秀麗한 용모容貌
우아優雅한 자태姿態,
눈 되려 감아
눈에 보이는
겸양謙讓을 나눈다

난蘭, 고고孤高히
천년을 사귀는
정숙한 여인女人아!
그대는,
앉아서 보는
천상天上의 꽃,
하늘의 향기香氣.

목련 木蓮

4월은
아직 슬픈 봄,
산그늘에
하얀 목련이 소복素服한다
흰 눈보다 더 흰
가슴 부수어
북향재배再拜 애처롭다

한 잎, 두 잎,
산그늘에
제 흰 그늘 포개어,
그리움, 또 외로움
세 잎, 또 네 잎
하얗게
뜯기어 뿌려진다, 커다랗게

목련은,
머무르고만 싶어 다 피지 않는 꽃
목련은,
다 피지 못해 떨어지는 꽃

북쪽의 신神을 사랑한 공주는
신神이 산다는 푸른 바다에 몸을 던져
영원한 잠 속에 사랑을 꿈꾸는 꽃,
마침내 그의 슬픔 화려하게,

꽃잎만큼 하얗게 땅에, 장렬하게
차라리 버려지는 꽃이 되었다는,

4월 가지 끝에 올라앉아
슬픈 전설을 내려주는
북녘의 꽃,
목련화야!

치자꽃 향기

사랑하는 임
뵈오러 갈 때에는,
장미도 아닌
치자꽃 향기만 들고 갑니다

장미는 못 되어도
장미만큼 예뻐서
백 송이 향기보다 먼저 갑니다

습하고 그늘진
어두운 곳에서도,
웃으며 피었다
숨어서 지는꽃,

장미가 아니라서
한없이 수줍어서
한 가지에, 꼭
한 송이만 곱게 핀다는
일지일화一枝一花
하-얀 치자 꽃,

그이만 사랑하는
한 가지 이 마음도
사랑한다는 이 말,
부끄럽어
몰래, 치자꽃 향기만 놓고 옵니다.

목단화 牧丹花

초여름이 건너오는
넓은 뜨락에
목단화 붉게 타던 날은
고운 두 볼에
어릴 적 입맞춤하고 달아나던 때.

푸른 그늘 아래
헤어지던 날 되면,
서러움 커가던
그 아이 마음만 같아
여름 그늘은 깊어만 가고

봄꽃 진 자리엔
새악시 가슴, 붉게 물드는
융단 같은 꽃잎을,
그리워하네, 연모하네
빨개져 수줍던 그 볼을.

지금, 먼지 날리는
도심의 공원에도
목단화는 피고,
입맞춤의 소녀는
도회지 어디에로 시집을 갔다고…

능소화

뜨거운 여름날
저년,
금색 실 은비녀로
비단옷 칭칭 감고
향내 질질 흘리면서
사내마음 훔쳐다가
시뻘건 용광로에 쑤셔 넣고
나 몰라라 할래할래
몸 흔들며 사라질 년,
저년.

나발 같은, 독기 어린 눈에다가
내 마음 딱! 붙여놓고
내 가슴 확! 태우는 년,
저년.
여름이 환장하게 더운 년,
여름밤 미치게 잠 못 들게 하는 년,
저년.

쏘내기 대쪽 같은 날
그날,
쪽두리에 색동치마, 연지 곤지 찍고 바르고
웃음 실실 흘리면서
눈꼬리는 힐끗힐끗
까치발에 담장 너머로

처마 밑에 사내 간장, 마음껏 품었다가
구름 벗고 해 막 나면
화들짝! 헌 신짝같이 쳐내는 년,
저년.

화장기 가득 실은 눈에다가
내 순정 딱! 붙여놓고
내 발길 확! 돌려놓는 년,
저년.
여름 쏘내기 난데없이 퍼붓는 년,
저년,
쏘내기처럼 미치게 그리움 붓고 싶은 년,
저년,

안개꽃

하얀 안개꽃
아름다운 색깔도, 향기도
예쁜 이름도 없는
키 작은 안개꽃

아름다운 날개도
가는 허리, 긴 팔도
어디에도 없는
작은 그리움의 꽃.

바람부는 날의
외로움으로, 그리움으로,
얼굴에 얼굴을 부비며
외롭고 그리움 피우는 꽃.

그립고 그리운 마음
작은 가슴에 가둘 수 없어
넓은 세상을 안개로 피워낸다.
길섶에도, 돌밭에도
높은 나뭇가지 위에도
흐르는 물에도, 하천에도 피어서
숲을 흔들고 산을 에워싼다,
고독한 입김으로.

하얗게 안개 내리는 날
안개꽃,
마음속에 피었다 지는 꽃.

상사화相思花

높은 산, 깊은 계곡
구름 떠가는 곳
꽃무릇, 상사화
길 잘못 들어
붉게 붉게 피었네.

인적 끊기고
나는 새, 멀어진 곳
그리움 잘못 깊어
깊은 병 되었나
바람 두른 산허리에
붉은 함성 토했네.

하고많던 세상인연
기어코 돌려놓고
돌아볼 인연 하나,
단 하나 잘못 되어
마을을 멀리, 돌아서 갔네
가파른 고개를 넘고 넘어서,
그리움이 그리움을
피하고 피하여서,
꽃무릇, 상사화
자꾸만 산으로 올라갔네.

한 인연 얻어서
한 평생을 사모하는,
붉은 꽃무릇 닮은
사모곡思慕曲의 상사화,
흐르는 구름 위에
제 모습을 비춰보네.

코스모스

꽃은, 소리 없이 피는구나
지난해 슬픈 생각들로,
꽃은, 화려하게 피는구나
지난해 아픈 마음들로,

가을 길에 코스모스가 흔들린다.

길가에 나앉아
무리지어 피어도
외로움 피우는 꽃,
서둘러 이별을 준비하다, 그만
바람이 던진 그물에 걸렸네

영원히 피는 꽃이 어디 있으랴,
아프지 않는 꽃이 어디 있으랴!

난 향蘭香

저만치
마주하고,
향을 잡아
난蘭을 본다

한 걸음 나아가
숨죽여 보면,
두 걸음 수줍어
뒤돌아 앉고,

한 걸음 물러나
뒤돌아서면,
어느덧 감기어
스미어 드는,

난蘭의 향기香氣
뒤에서 달려 나온다

푸른 창 끝
흔들리어도,
정숙한 여인의
예리한 칼날이 위태롭다.

바위꽃
—무등산 돌밭을 지나며

높은 산 중턱 넘어
번지도 와 닿지 않는
무너진 성벽, 돌밭을 지나면
사람 얼굴 같은,
하늘 보고 누워 있는
널브러진 바윗돌들이 있다

돌마다, 박히고 깎이어
사람들 가슴에서 저버린
꽃이, 꽃들이
거뭇거뭇, 버즘버즘 피어서
피를 흘리듯, 땀에 절인 듯,
화석처럼 널브러져 있다

꽃아, 꽃아, 깨어나지 못하는가,
깨어나서 피어나지 못하는가,
천년 바위에 핀 꽃,
네 연약한 꽃잎을 세워
다시금 침묵을 왜 흔들지 못하는가,
스민 향기여, 숨결이여,
저 푸른 빛, 무등의 하늘이여!

꽃은 연약할수록,
아름다울수록,
슬프고도 아름답게 피나니

바위에 핀 꽃은
어느 영혼靈魂,
청사靑史에 아름다운 향기를 지닌다.

수선화 水仙花

아름다움이란, 오!
얼마나 아름다운 것인지
나는 보았네
창가에 서서,
누굴 잃었는지
두 눈에 고이는 슬픔
하늘에 그려놓았네.

아름다움이란, 오!
아무도 범할 수 없는
신神들의 영역,
숨죽여 보았네
무엇을 잃었는지
곱게 부수어가는 눈물
구름도 멈추어 있네.

창가에 서서
고요한 슬픔만 바라보다가
밤이면 잠에 들고
아침이면
새 슬픔에 눈을 뜨네.

아,
지워진 언어인 양
아무것도 갖지 않은,

바람과 향기로만 자라는
한 송이 수선화, 그대는
홀로 피어 물가에 흔들리네.

무궁화

일편단심 붉은 마음
다섯 꽃잎 무궁화,
반만년의
새 아침, 새벽마다
새롭게 피어나는,
무궁한 사랑.

삼천리 산언덕,
길가의 담 모퉁이,
사람들이 모여 사는
먼지 이는 어느 곳의
낮은 울타리에도
웃는 얼굴로 피어나는,

아!
사람들이 사랑하지 않으므로,
사람들이 돌아보지 않으므로,
사람들이 기억하지 않으므로,
사람들을 사랑하는,

삼천리 무궁화는
지나쳐 돌아선 길에도
웃으며 홀로 피는
다섯 꽃잎,
붉은 마음.

제2부 그리움

나의
　영원한
　　별이 되어다오…

진달래 꽃

연분홍 진달래 꽃,
무슨 잘못에
속옷 바람 쫓겨나
갈 곳이 없을까,
바람 부는 바위 틈에
떨고 앉아서,

'아무 잘못 없어요,
잘못 없어요.'
행인들의 눈길에
몸 둘 바 없어
온몸이 수줍고 수줍어서
연분홍 붉은 물이 들었을까,
벗은 몸을 알몸으로 가리고,

멀리 간 도련님 사모함은
무고한 마음,
어쩌지 못하는 울음이 되어
온 산에 메아리가
핏빛으로 피었을까,
고개 넘는 뻐꾹새 울음이
이 산 저 산에 발이 시리도록.

아무나 꺾는 진달래,
누구나 꺾는 진달래.
쫓겨나 산에 오른
연분홍 진달래.

그리움

너는 차라리 별이 되어라
바라만 볼 수 있는 별이 되어라
네 곁에는 내가 없고,
내 곁에도 네가 없다면,
내 머리 위에서 빛나는 별이 되어라
되어서 나를 그리워해다오
내가 너를 그리워하는 것처럼,
나의 싸늘한 정열이여!

너는 나를 얼마나 불타게 하는가
그러나 너의 불타는 눈동자
네 차가운 입술에 갇히어 있다
네 떨리는 손과 발에 묶이어 있다
차라리, 차라리 돌아선 채로
나의 영원한 별이 되어다오

타다 남은 숯은, 검어서
가장 뜨거운 정열
작열하는 태양의 열정도,
달빛의 은은한 유혹도, 넘어서
나는 너에게로 가는
불타는 영혼靈魂이 되리라,
나를 별처럼 바라보는
나의 별이 되어다오!

당신은,
먼 날에
하늘에서 타는 별이 되어라.

사랑은 서툴어

사랑은 서툴어,
사랑하지만
사랑은 수줍어
가만히 이대로 사랑하고 싶은데,
사랑은 너무 서툴어
사랑하는 사람은 그래도 알 텐데

사랑은 못해도 괜찮아,
사랑하기만 한다면
사랑이 알 텐데
아무도 몰래 사랑하고 싶은데,
사랑은 너무 어려워
가만히 이대로 사랑하면 될 텐데

사랑은 슬픔이래도 좋아,
사랑하기만 한다면
눈물이래도 좋아, 사랑은,
사랑하기만 한다면
사랑하는 사람은 아니까
이별한 슬픔과,
그리워하는 눈물의 향기,
향기만으로 된 꽃임을
사랑하는 사람은 아니까

사랑은 서툴어,
사랑은 수줍어.

겨울과 봄

겨울이 지나간다
처마 밑
담벼락에,

햇볕 하나
흘려 놓고.

눈발이 흩날린다
처마 밑
담벼락에,

햇볕마저
가려 놓고.

수줍은 봄이 겨우,
겨울의 등을 떼민다.

꼬마와 나비

공원 놀이터에
꼬마와 나비,
버려 둔 꼬마자전거

꼬마는 나비 쫓아 팔을 저으면
가슴에 안기는 텅 빈 하늘
나비는 훨훨 달아만 나고,
꼬마가 뒤돌아서면
나비는 뒤쫓아 오고,
공원 몇 바퀴

꼬마는 팔이 지쳐 쉬는 곳에
나비 앉아서 조-올고
꼬마는 일어나 살금살금
숨죽여 꽁무니에 따라붙는다

꼬마의 날카로운 집게손가락,
조용한 나비의 잠자는 날개,
닿을 듯, 닿을 듯
호르릉!
나비는 저만치 날아오른다
공원 몇 바퀴

꼬마는 흐르는 땀과 실랑이하고
나비는 머리 위에서 춤을 춘다

둘은 둘도 없는 배필配匹,
한쪽에 버려진 꼬마자전거.

내 고향 4월

내 고향 4월에 가면,
종달새 높이 날고
꾀꼬리 노래하것다,
지지배배, 꾀꼴-

봄 아지랑이는,
시냇물 따라
또 흘러흘러 가것다,
하늘하늘, 졸 졸-

노오란 장다리 밭에
자운영은 붉고,
개구리도 풀섶에서 좋아라,
폴짝, 뛰어가것다, 첨벙!

고향에 가면,
논두렁 밭두렁, 지금도
푸른 물결 우-, 일어서것다,
쏴-, 일어나것다

하늘에도 흰 구름
하늘하늘.

소녀

소녀는,
아주 소박한 말로
또 서투른 언어로
정말 사투리 같아도
그보다 향기론 말로,

감동인 줄 모르면서
웃는 두 개의 볼우물로
또 수줍은 하나의 몸짓으로
나를 감동시키는
아직 서투른 노래,

어린 소녀는
돌아서 숨죽이다가
웃음소리 멈출 때면
사랑인 줄도 모르고
또 누군가를 사랑하려니…

어쩌다 다시 오는
훗날, 어느 날
어이 이 날을 돌려줄 수 있으리,
아직, 너무 어린 소녀에게!

오월

오- 오월, 그 위에
첫사랑의 이름을 쓰노라.
저 푸른 신록 그 위에,
떠가는 저 구름 그 흰 빛에,
내 첫사랑의 그리움을 적노라.

초여름 산들바람, 그 위로
라일락 향기는 흐르고
눈에 눈이 부딪치던 날
은빛 머릿결에 머물러서
마음속 고운 음악이 되었노라.

아- 연초록, 그 위로
미풍은 태양의 입김을 나르고
나뭇잎, 별처럼 부서지던 날
모르는 우리의 영혼을 흔들다
가슴속 오랜 향기로 남았노라.

푸르고 푸른 하늘, 그 위로
구름은 한없이 따라 흐르고
석양을 뒤로한 초원 위에는
못다 한 이야기들 남아서
지금도 푸른 꿈을 꾸고 있으리.

오- 오월, 그 위에
우리의 젊은 꿈이 떠가네
그 아름다움, 눈부시다네
흐르는 세월, 해마다
겨울 나이테로 늙어갔어도.

바다와 조각배

그녀에게는
바람이 숨어있다
가벼운 눈맞춤에도
파도가 일렁이고
조용히 눈 감아도
내 마음 흔들리는 곳,

그녀는 나의 커다란 바다,
나는 떠다니는 조각배

잔잔한 물결에도
가슴은 일렁이고
구름만 떠가도
그림자 지는 곳
지는 낙엽 위로
내 마음 실어가고

그녀는 나의 커다란 바다,
나는 떠다니는 조각배

그대

푸르게 깨어난 숲 속의 아침
나는 작은 새나 되었으면……
그대 눈 비비고 일어나
나의 노래 소리를 위하여
잠시는 창문을 열어주리.

나직이 흐르는 물가에 이르러
나는 예쁜 징검다리,
돌이나 되었으면……
그대의 무게에 아픔을 느끼며
새로운 아픔도 견딜 수 있으리.

저녁 해 하늘에 곱게 내릴 때
나는 불붙는 자운영 꽃밭이 될까
그대, 돌아가는 걸음마다
스러지는 꽃송이에 입맞춤하면
그대의 잡은 손을 놓아주지 않으리.

밤이 찾아와
그대의 방문 앞에 서면
아주 작은 커튼이나 될까
꿈꾸는 당신의 숨결이나 세이면서
밤새워 그대를 지켜볼 수 있으리.

파랑새

하늘을 나는
누구의 슬픈 혼(魂)이던가,
파랑새.
가늘은 날개를 퍼득이며
이승을 못 떠나는
저승의 새
꿈이 없이도 날아야 한다.

얼마나 꿈이 컸을까,
꿈 무게에 목이 눌리어
반 울음, 반 슬픔 물고
파랑새는
하늘을 난다.
꿈 덮을 무덤 찾아
혼 누일 무덤 찾아
하늘을 저리 휘적이는 것이랴.

작은 꿈이
슬픈 하늘에 부딪친다.
결코,
새가 되고 싶지 않았던
파랑새
누구의 꿈에
또 슬픔을 주는 것이랴,
꿈을 주려는 것이랴.

먼 하늘
부르는 소리
어디쯤 헤매이리
새야, 새야,
파랑새야.

비네바위* 전설

함양군 백전면에 가면
경백리 능경마을 서쪽으로
뒷산 급히 내려오다 멈춘 곳에
두 청춘남녀의 전설이 눈에 띈다

바위 아래
푸르렀던 봄은 또 푸르러
몸을 던진 강江도 푸르고 푸르러
임을 여읜 한恨을 지우는지 그리는지
옷자락을 흔들던 바람도
다시 돌아와 한숨인 듯 놓고 가고,

칠월칠석날엔
비 맞은 강이 붇고 불어
녹음은 머리를 풀었다가
청태 낀 바위에 눈물이 솟는다는
애달픈 사랑,
산천초목도 눈물을 보태는데

무남독녀 옥이가 지은 죄는
운명의 오월 단오, 그날
곱게 땋아 댕기 물린 머리 단을
하늘에서 춤추는 자태를
떠도는 화공畵工의 가슴에 심게 한 죄라네

비네바위 아래
천년 역사의 강은 흐르고
사랑의 강도 함께 흘러흘러,
지금은 전설이 되었다는
전하는 전설적인 이야기라네.

---

* 비네바위 : 바위 위에 사랑의 징표, 비녀를 남겨두고 강에 뛰어들었다 함.
* 비네: '비녀'의 사투리.

어머니

어머님 묘소墓所에 다녀오던 날
어젯밤에는
어머니께서 찾아오셨습니다
이승과 저승이 먼 것처럼
멀어진 녀석을
당신 품에 안고자
가만히 잠자는 사이에 찾아오셨습니다

잠결 눈을 떴을 때는
어느새 여느 때처럼
부엌에라도 나가셨을까
이미 자취를 감추셨지만
저는 어머니를 이미 뵈었습니다

차마 돌아서시는 모습
가라 하시는지,
하마면 오라 하시는지
알 수 없는, 꿈속에서
한 손 들어 보이시는
그윽한 눈길의,
그 눈시울까지도 보았습니다

아—
이불깃, 여느 때처럼 가슴에까지 올라와 있고
베갯잇 머리맡은 따스한 눈물로 번지고
가만한 당신의 음성音聲 귓가에 우는데
당신의 갈라진 손등은 이마를 짚고 넘어갔습니다

커—튼이 장막을 드리운 밤,
어머니는 방안에 하나 가득,
남기고 돌아가셨습니다.

행복

묻지 마셔요,
햇볕도 들지 않는
그늘진 바위 틈에
가냘픈 두어 뿌리
지금도 허공중에 매어달린
시든 꽃잎처럼 사느냐고
묻지 마셔요.

묻겠지요,
남들처럼
예쁜 화장을 하고
발걸음도 가벼운 외출과
두어 가지 취미도 팔에 걸어
넉넉한 나이의 자애로운 미소로
행복하고 단란하게 살지 못하느냐고
그렇게 묻겠지요.

묻지 않겠습니다
과거는 당신에겐 지나가버렸고
사람은 누구나 한번쯤은 변하는 것이라고
그런 것이 세상 사람들의 사랑이라고,
정말 당신에겐 그런 것이냐고
이젠 더 이상 묻지 않겠습니다.

우리는 아름다운 집을 지었으며
당신은 현명하게 미래 쪽에 창을 내었지만,
저는 어리석게도 과거 쪽으로만 창을 내었다는 것,
다만 그것뿐이라고,
그리고 더는 묻지 않겠습니다
왜냐고 그만, 묻지 마셔요

제3부 그리움

푸른 물결 위로
　내 마음은
　　흘러라…

봄

봄,
시 한 편 읽다가
들썽들썽,
못 다 읽고
한나절 가고…

봄,
시 한 편 쓰다가
술렁술렁,
못 다 쓰고
해도 저물고…

봄은 하루 종일
시 한 편 쓰다가
읽다가,
졸음에 졸다가,

봄 안개 너머엔
산 빛이 곱다,
꽃무늬 인다
봄 꿩, 자꾸 울어 쌓는다.

사랑은

사랑은, 어느새
새의 깃털처럼 날아와
사뿐, 머리 위에 앉았다가
한번 내 눈에 들었다가,

슬쩍, 어깨 위에 깡충
팔을 고이고 가만히
가슴으로 미끄러져
나의 얼굴을 올려다본다

사랑은,
긴 속눈썹을 달고
붉은 귓불, 함초롬한 뺨으로
가슴에 젖어온다

훌쩍,
사랑은 날아오르고
작은 그리움 위로
가벼운 그림자 진다.

신기루蜃氣樓

오늘은,
과거를 예쁘게 꾸미고
미래를 교묘히 훔치는
매혹의 여의주如意珠.

눈에 비치는 망막과
귀에 울리는 고막처럼
우리의 뇌막에 투영된
추상抽象의 그림자.

그것은,
이국異國의 땅에서 빌려와
열사熱砂의 사막에 영사된
한 커트의 신기루蜃氣樓,
우리의 빗나간 욕망과
끝없는 정열들이 쏟아내는,

뜨거운 사막을 헤매는,
우리는 유령의 세계.

푸른 눈동자

사랑하는 네 두 눈동자
그 푸른 그늘 아래 들면
가슴을 저미는 고독은
향기 높은 꽃이 되어
당신을 더욱 사모하여라

사랑하는 네 두 눈동자
그 그윽한 눈길에 들면
차가움으로 얼었던 외로움
더욱 깊은 그리움으로
당신을 사모하여라

나를 바라보는,
사랑하는 네 두 눈동자
바라보는 나의 슬픔은
흐르고 싶은 눈물이 되어,
당신의 강물이 되어

못내 깊은 슬픔의 강
그 푸른 물결 위로
내 마음은 흘러라

멍에의 꽃

심중에 묵직한 멍에
사랑의 멍에,
그대가 주지 않고
내가 받은
당신은 나의 멍에,

당신이 나에게 주신 것은
스치는 눈길뿐,
스치는 때마다 깊어지는
멍에의 무게
당신은 나의 무게.

어쩌다 주는 눈길
가슴 한가운데에서
붉게 멍드는 꽃,
차라리 시들 운명인걸,
그마저 피지 말걸,
이슬의 무게 위에
아픔을 달고 피는
당신의 무게가 무거운 꽃,

지나던 길목에 피었던,
돌아본 자리에 져버린,

고백

꽃이 아닌 것을
'꽃'이라 함은
아부, 아첨이거나,
경멸의 말입니다.

꽃인 것을
'꽃'이라 아니함도
아부, 아첨이거나,
때로 경멸의 말이 됩니다.

내가 당신께 '사랑한다' 말하여
차라리 아부와 아첨이 될지언정
경멸의 말이 아니기를 바랍니다.

내가 당신께 '사랑한다'
말하지 않는다 하더라도
잠시 경멸의 대상이 될지언정
아부와 아첨은 바라지 않습니다.

꿈속에서
'사랑한다' 말하여도
혀는 돌지 않아
사랑은 목에서 터집니다.

꿈 깨어 당신을 보아도
당신은 여전히 꿈처럼 있고
'사랑'은 목에 걸려 허우적입니다.
나는 꿈을 꾸고, 당신은 떠나갑니다.

아! 당신을 꿈꾸는 나는, 아직
당신을 사랑하기보다는,
당신께 아첨하기보다는,
잠시, 당신의 경멸을 사랑해야겠습니다

가난의 얼굴

친구야, 용서해다오
그날 밤,
하늘에는 별도 없이 추운 밤
달도 어디론가 숨어버린
칠흑 같은 어둠을 택해
귀 볼기 헤어진 이불 아래
곤히 잠든 틈을 빠져나오던
나의 비굴함을 용서해다오

겨울, 두터운 눈 속에
서로의 옷깃으로 추위를 가리고
곱은 손안에 피어난,
노란 감자 속을 들여다보던
배고픈 그 시절을
친구야, 우리는 잊지 않고 있지

봄, 꽃으로 어우러질 때,
진달래꽃 입에 물고
현기증으로 즐거워하던 시절
미친 듯이 쏘다니던 고향 산언덕,
아무도 잊지는 못하지

친구는 용서할 수 없을 거야
고향을 버리고,
가난한 친구를 버리고,

두터워진 목에 비끄러맨 넥타이에
멋드러진 스카프,
허리 굽히는 것도 그만두고
악수하는 손을 내미는 나를,

나는 날마다 스타일을 바꾸고
셔츠를 갈아입는,
자동차를 바꾸고 집을 바꾸는,
정직도 바꾸고, 버리고,
존경도 바꾸고, 버리고,
날마다 사랑하는 사람도 바꾸고 사는,
나는 도회지의 카멜레온,

나를 결코 용서하지 말게나,
나의 옛 친구야
용서하게나.

사랑 때문이 아니랍니다

사랑 때문이 아니랍니다
미움 때문입니다
아름다운 당신이
다른 이의 사랑을 받을까봐
당신을 미워하는 때문입니다

사랑하는 것보다는
미워하는 편이 더 좋습니다
사랑하는 일은 괴로우나
미워하는 일은 쉬운 일,
혼자서 마음 놓고
당신을 미워하고 싶어요

미움 때문이랍니다
바다가 그리운 것도
바다로 기차를 타보는 것도
사랑 때문이랍니다
종일 꽃 앞에 앉아서
꽃잎 지는 것을 바라보는 것도

사랑은,
미움이 잠들 때까지
미움을 달래고 달래고 있습니다.

때가 끼이면

나, 세상에 태어나
즐거운 때 묻히며 살았네
진창에도 들고
흙 밭에도 뒹굴다가
운 좋은 날 깨끗한 물에 목욕도 했네

때가 끼이고 끼여
슬픔이 종기처럼 자랄 때면
가려움증 함께 부비고 문지르며
손뼉을 치고 좋아라 잊었네,
홀로 자리에 누워
다시 고독을 안고 잠들기 전

아, 조금은 늦은 줄 아네
저녁 해 이미 기울고
온몸에 화장化粧을 준비할 때가 옴을,
나는 이제 알겠네
내 안에 슬픈 얼굴이 더 크게 자라고 있음을

먼 길 돌아, 이제
맑은 바람이 불어오는 그곳,
내 몸에 전해지는 이 슬픔을
함께 걸어야 할 사랑을
아, 사랑할 것이네.

사랑하는 그대

사랑하는 그대여,
잊었으리, 이제는
'사랑'이라 하는 말조차
까마득한 세월,
별처럼 멀어졌으리
이제는 화석처럼
남의 별이 되었으리

사랑하는 그대여,
기억하다가도 이제는
기억조차도 잊으옵소서
까마득한 세월,
고목처럼 누워서
그대로 그렇게,
지금처럼 잊으옵소서

지금도 사랑하는 그대여,
누구 있어 지나다가, 우연히
오랜 흙에 묻힌 우리들의 사랑 이야기,
모서리에 걸려 넘어져 울지라도
그대여,
단 한마디 위로의 말 한마디 던짐 없이
모른 채 그대로 그렇게 깨어나지 마옵소서,
지나치소서

오늘 밤을 더욱 빛나는,
멀리 있는 저 별에게
나의 화석 같은 사랑을 바치다.

홍어 洪魚

조선 땅 전라도의
흑산黑山섬에 운집한 고기 떼,
붉은 홍어는
가오리를 가장한 수상한 고기
살빛이 검어서 속살을 감추고
속살은 너무 희어서 선홍鮮紅빛,
도마 위에 절개節槪를 뿌린다

홍어는 죽지 않고,
죽어도 썩지 않고,
썩더라도 제 몸
삭히고 삭히어, 우리들
씹는 이의 코를 비틀고
선홍빛 절개를 위장胃臟 속에 심는다.

(홍어는 씹어야 해.
씹어도 씹어도 눈물이 나도록 씹어야 해
이빨이 없어도 씹어야 해
붉은 선홍빛의 절개, 맛이 나도록 씹어야 해
남의 이빨로는 씹지 마!)

홍어는 가오리를 가장한 수상한 고기,
홍어는 가오리를 낳지 않는 상서祥瑞로운 고기,
하늘 아래 숨어서 바다를 구석까지 누비는
선홍빛 나는 절개
무적 잠수함,
숨은 태양이여 비추어라!

문학강의실에서
－조선대학교에서

문학강의 하시는
흰 머리 노교수님,
닉네임은 노老신사
걸으실 때는 공자님 귀에
수족手足은 장비의 장팔사모 창
두 눈에는 백미白眉가 흩날리고

손으로 새기는 글자, 획순마다
말씀 위에 꼭꼭 눌러쓰시며
첫 시간이면 으레
칠판 한 장 가득한 시의 정의定義,
세계 문인들의 시론詩論과 함께
강론講論은 크레센도의 리듬을 탄다.

동서양 살다간 인물들, 이즘(-ism)들
어깨를 비벼대고
뺨을 만져보고
서로의 코도 비틀어보고
발바닥까지 먼지를 털어내고 두드려도 보면서
조용히 미소 지으시며 내리시는 말씀,

그러나 시는 아름다워야 한다
그러나 시는 진실해야 한다
그리고, 시는 행동해야 한다 하시며
잔잔한 감동을 풀어놓으신다.

아마,
집에서 홀로 차 드실 때에는
한 일주일쯤의 강의안을 짜고 계실 것이다

우리들의 흩어진
지식知識의 실오라기, 또 보푸라기
하나 하나 그 끝을 찾아 잡아주시고
휘어진 곳을 바로잡아주시며
드디어 나타나는 다른 쪽 끝을 이어주신다.

때로는,
저녁때 차 한 잔을 더 청하시어
제자들 각각의
무수한 점과 선을 다시 이어보시고
아름다운 그림에 이상이 없는지
마침내 흡족히 웃으시며 돌아앉으시리라
가까이 푸른 난蘭에 눈길을 주신 후
노년의 정다운 친구 같은
지병持病의 약병도 쓰다듬어보시고
다음날까지 베개 맡에 잠을 불러들이시리라.

어쩌면,
시계의 추도 못 따를
뜨겁고도 뜨거운 백열白熱의 정열이라도
때로는,

내려다보이는 시가지에 등을 돌린 채
커다란 어머님의 품속 같은 무등산을 바라보시며
얼마 남지 않은 늙은 아들의 생과 사를 가늠하고 계신지도 모른다

얼키고 설키어 구르듯 누워있는
저 이끼 낀 천년의 돌밭을 보고 계실까
아니면,
천년을 머리 위에 이고 있을
푸른 저 솔밭의 솔을 보고 계실까
바람에 쓸리고 흰 눈에 무거운,

강의가 끝나고 집에 돌아와서도
선생님의 강의는 멈추지 않는다
시는 아름다워야 한다.
시는 진실하다.

---

* 장팔사모(丈八蛇矛, 팔 척짜리 사모)창, ≪삼국지연의≫에 나오는 장비의 무기

우리 이 교수님
— 전남대 문학강의실에서

1 외모外貌

키 작고 강단진
눈딱부리 이 교수님
자기를 딱 닮았다.
배는 앞에 있고
엉덩이 뒤에 두고
아니면 혼난다.
시詩는 인격人格이다,
인격人格이다.

2 강의講義 중

하늘에 침이 튄다.
혈압이 올라간다.
다음, 팔이 올라가면
비非자 가문家門의 시인詩人들이
추풍낙엽 흩어지고
일시에 엄동설한嚴冬雪寒과 한파寒波를 몰아온다.
어떻게, 어떻게, (너희들이)⋯⋯
우리들의 먼 훗날
시인詩人 아닌 죄인罪人 될 수 있음을 경계한다.

3. 와이셔츠

그가 입고 있는 하얀 와이셔츠는 칼날이다.
그가 차고 있는 산뜻한 넥타이는 분홍빛이다.
그는 아마도
어느 날이면,
목에 칼을 차고도
분홍빛 피를 흘릴 수 있음을
무섭게무섭게훈계하고있는지도모른다.

4 이마

그의 이마를 보라.
그의 젊은 나이를 훨씬 벗어버린
반들반들한 이마를 보라.
'사람의 이마란 이런 거야!'
날마다 소리친다.
밝은 이마는,
키란 클 필요가 없다고 외치면서,
우리의 마음을 거기에 비추어보라고
몇 번씩, 몇 번씩 닦아낸다
집에 잊고 두고 온 손수건 아닌,
우리들의 손수건으로!

5 미남美男

키 작고 강단진
눈딱부리 이 교수님,
강의실에서 가장 미남이다.
미남의 조건 중
첫째는 남자이니까 이고,
둘째는 키란 클 필요가 없으니까 이고,
셋째는 눈딱부리 광채에다,
넷째는 배와 엉덩이에는 구분이 서 있고,
다섯째는 번들거리는 이마,
그리고 여섯째는, 가장 중요한 째로서
언젠가 분홍빛 피가 될 수 있어야 하는 것이니까.

그는 지금,
우리에게 분홍빛 피를 가르치고 있는지도 모른다.

아내와 나

나는,
내 아내가 밉다.
돈도 잘 벌고,
일도 잘한다.
나는 곧잘 우울하지만,
아내는 훨씬 밝고 명랑하다.
그래서 사람들에게 인기다.
그래서 나는 싫다. 밉다.

아내는, 어른도 잘 돌본다.
우리 집 아이들도 잘 키워놓았다.
그런데 나는 이런 아내 말을 곧잘 듣지 않는다.
이런 내가 밉지만,
내 아내는 더 밉다.
나이를 잘 감추고,
옷도 잘 받고 화장술도 좋다.
내가 화를 내도 웃어버린다.
그래서 나는 또 밉다. 싫다.

아내는, 노래를 못한 편이지만
나는 더 못하니까
나보다 더 잘한다.
나는 그래서 아내가 밉다, 싫다.
아내는 무게도 더 나간다.
그래서 무게 있게 걸을 때면

나를 곧잘 놀래킨다.
미워 죽겠다,
얄미워 죽겠다.

언젠가는 이상해서 물었다.
'나 사랑해?'
'물이나 마저 드세요!'
'……………………?'
얄미워 죽겠다!

그래도 나는 내 아내를 가장 사랑한다.
물론 이러한 내가 가장 밉지만 말이다.

제4부 우리 강이 되어 바다로

서로 모르는
별에서
흘러왔어도…

봄은 숨어 있다

봄은 숨어 있다
깊은 겨울 속
눈 덮인 산사山寺
차가운 바람 속에도
봄은 숨어 있다.

봄은 살아 있다
무거운 하늘
얼 부르튼 대지大地의
허기진 구멍에도
봄은 오롯이 살아 있다.

봄은 살아 있다
우리들의 가슴속에
별빛 같은 추억과
향수 같은 그리움
그 곳에
기다리는 봄은
아직 살아 있다.

당신은
추운 겨울나라에 찾아온
나의 푸른 봄이다.

첫사랑

아주 오래 전,
남들이 사랑하다
헤어지는 것을 보면
나는 웃었지요
왜 사랑하는가?

언젠가는,
남들이 사랑하며
헤어지는 것을 보면서
나는 또 웃었지요
사랑할 일은 아니야!

어느 날,
사람들이 날 보고 웃었습니다
나도 따라 웃었습니다
그리고 울었습니다
웃다가,
한없이 울었습니다

알았습니다
알 수 없는 한 사람을 한번 만나서
사랑하다 헤어지다 눈물 흘리는 것,
행복을 태우는 두 날개라는 것

지금도
그리고 훗날에도
또 아주 먼 날에도

강

강은, 먼 곳으로부터
사람 좋은 사람처럼
구불구불 굽이쳐 갔다, 바다로
한쪽에 높은 산을 거느리고
다른 쪽에 평야를 바라보며
앞에는 우는 어린애를 달래듯,

슬픔이야 아무렇지도 않은 듯
이별이야 정말 아무것도 아닌 듯,
허허로이, 허허 웃으며
하늘과 땅에게
도란도란 이야기하며 흘렀다

얼마나 슬픔이,
얼마나 이별이,
달리고 흐를 때마다 가슴은 파이고
헤어지고 떠나갈 때마다 무릎은 깎이어
이제 강은 깊어져서 말이 없느니,
하늘과 땅을 돌아서 흐를 뿐이다

위로는 종교를 삼고
아래는 사랑을 실어
땅을, 숲을
딸처럼 아들처럼 품고 흐른다
강은,

촉석루

진주 남강 푸른 물,
푸르고 또 푸르다
물이 푸른 것만은 아닐 것이니
청초靑草에 내린 푸르름이
그의 지절志節을 펼쳤구나!

의암義岩 낙화대 선녀들,
또한 슬프고 슬프다
꽃이 진 것만은 아닐 것이니
산천에 필 때처럼
시절 따라 마침내 몸을 던졌구나!

밟는 땅, 건너는 물줄기
아프지 않은 곳이 어디 있으랴
국부國富 호남을 껴안은 진주성
산천의 흙도 모여서 뭉치고
강산의 돌도 싸우고 싸웠나니…

아, 청사靑史에 어이 잊으랴!
사백 년 뒤에 오는 길손,
촉석루 기둥에 실리는 저 함성이
저 가야금 소리, 물소리가
들리는가? 아니 들리는가?

정情

나는 때로 정情을 만난다
얼굴도, 말소리도 알 수 없는
정精을, 길을 가다가도 문득 만난다

산 넘어 길 가는 아낙네에게서
작은 친절에도, 한사코
붉은 황토 뒤집어쓴
시퍼런 무 뽑아주듯
마른 강냉이 몇 개와
푸성귀 기어코 떼밀 듯 밀어 넣고
멀어지는 차창 뒤에 손 흔들어 보일 때,
나는 차 삯 대신 따뜻한 눈물을 쏟는다

겨울, 작은 역 대합실에서
맨바닥 깔고 누운 몸집 좋은 노숙자,
화난 팔뚝을 걷어붙이듯
바람막이 신문 한 장을
선선히 반 장으로 떼어주고
나머지 반 장 아래 몸 눕혀 잠을 청할 때,
나는 또 잠 못 이루는 뜨거운 눈물을 쏟는다

겨울 북방 전선,
밤 깊어 가는 막사幕舍에서
전우戰友의 잠을 깨우지 못해
'조금만' '십 분만' 늦추다가,

어느 사연 있는 처녀에게 몸도 줘버리듯
다음 교대까지 고개 꺾어 눈감고 견디는
우직한 전우의 추운 얼굴, 시린 발끝에서
나는 또 가슴 뭉클한 떨림을 받는다.

가장 행복한 때에는
한 편의 빛나는 시詩에게서
가장 큰 정情을 만난다
시골 인정의 강냉이 몇 개,
우정 어린 노숙자의 반조각 신문지와
전우의 뜨거운 추위에 불면不眠하는 시인에게서
나는 드디어, 살아있는 시정詩情을 전수받는다.

삶

고독孤獨한 인생의 길에서
홀로, 그대여
삶을 만나거든,
힘겨웠노라
모른 체하지 말게나.

삶이 다가와
몰라볼 얼굴로
말을 걸 때라도
갈라진 그의 음성,
놀라지 말게나.

때로 보이는
삶의 남루한 행색行色,
갈퀴 얽은 손마디,
불거진 뼈마디라도
내밀면 조용히 손 잡아주게.

가끔 마주치는
꾸부정한 삶의 허리,
펴지 못해 세 발로 걷더라도, 그대여
추醜하다 할 텐가,
따뜻이 감싸고
뜨거운 입, 맞추어주게나.

남아있는 인생의 길에서, 그대여
삶을 또 만나거든,
먼저 반가운 인사부터 건네고
위로慰勞의 말 잊지 말게.
서로의 깊은 주름살 다독이며
조심스레, 그에게
가야 할 길이 얼마 남지 않았노라고, 말하며
오직 인생의 길에서 가야 할,
지금의 숭고한,
우리의 각자의 길이 있을 뿐이라고
이렇게 마지막 위로慰勞의 말을 잊지 말게나,

그대에게도 또한 위로慰勞의 말이 되도록 말일세.

암병동

산중 암병동 창가에
가을 낙엽이 진다
성긴 가지마다
인정 없는 바람이 불면
정처 없는 나그네마냥
창밖을 흩어져 가누나.

꽃피어 노래하던 시절은
더불어 언제였던가
먼데서 구름이 날아와
창밖을 지우고 가는데
어디서 가지 부러지는 소리
나의 가슴을 밟고 가누나.

해는 떨어져
걷어낼 수 없는 장막 위로
알 수 없는 아침이 오면
짧지만 않았던 여정을
고운 아침노을에 띄워
저 별에 가져갈 수 있으리.

영원하진 않지만,
힘들고 아름다웠던 시절은
슬픔 뒤에 사랑으로 남는 것,
아쉬운 이별을 주고 떠나니
이것이 마지막, 행복을 비는
나의 작은 선물이라네,

우리, 강이 되어 바다로

네 다 살았거든, 친구야
우리, 함께 물이 되자꾸나
서로 모르는 별에서 흘러왔어도
이제 서로 같은 곳으로 흘러가자꾸나.

때로는 우리의 모양이 다르고
아니면 서로의 크기가 달랐어도
강을 만나면 바다로
바다를 지나서 손 잡고
함께 흘러가자꾸나.

우리는 태생이 물이었다.
아래로 아래로 향하여
가장 낮은 자리에 깃들고
비우고 비운 마음,
두루 모든 마음을 합하고
허물이란 허물,
안으로 안으로 가라앉히며
아무리 모질고 흉칙한,
날카로운 송곳에도
우리는 온몸을 부딪쳐
서로가 서로를 상하지 않게,
휘게 하고,
항상 본래대로 돌아가는
우리는 태생이 물이었다.

친구야,
우리 함께 물이 되자꾸나
부서져 거친 물보다
합하여 크고도 도도한,
돌아다보지 않는,
그러한 모두의 물이 되어
흘러가자꾸나, 친구야

할미꽃 전설

무덤가에 피어 있나,
무덤가에 숨어 있나,
무덤을 못 떠나는
허리 굽은 할미꽃.
생전의 손주였나,
앉아서 하루 종일
무덤만 바라보네.

눈에 아른거리는,
세 살배기 손주새끼
물에 뜬 하늘,
흐르는 구름을 잡는다고
놀던 물에서 그만
배부르게, 하늘을 먹고
하늘로 올라갔다고
그 날로 하늘도 물도 마다하는
할미꽃이 되었다 하네.

할미는 언제나 할미꽃.
한적한 무덤 가
저승도 이승도 아닌 곳에
핀 듯, 진 듯,
살았는가 죽었는가
허리 반으로 접어
얼굴 없는 할미꽃이 되었네.

제비꽃 무성한
무덤 가에 할미꽃,
피었다, 숨었다
죽어서도 죽지 못해
가는 목 길게 늘이어
손주 무덤 지키어 있네.

사랑의 지우개

당신은,
하늘이 내리신
사랑의 지우개,
어지러운 마음의 그림들을 지워줍니다
바람도 재우고
티끌도 앉히어
나의 마음을 깨끗이 쓸어줍니다

까닭 모를 슬픔도
당신은 지워주시고,
상처 입은 마음도
당신은 깨끗이 씻어줍니다
당신은,
나의 마음을 창조하는 임이옵니다

당신이 지워주실 줄 알고,
이렇게, 저렇게
빨간 그림, 파란 그림
지울 수 없는
어지러운 그림들을 그리다가
당신께 가면,

당신은,
모든 색깔, 모든 형상
깨끗이 쓸어주시고

항상 미소로 마감하시는
저의 창조주이십니다,
당신께서는.

무등산 부賦

무진無盡벌, 무악巫樂재에
사람 같은 산 하나, 무진산無盡山
세월 먹은 산 하나, 무악산巫樂山
시골의 소 잔등 같은,
오늘의 무등산無等山을 바라봅니다

무등산은 그냥 오르는 산이 아닙니다
무등산은 그냥 내려오는 산도 아닙니다
무등산은 전해 내려오는 산입니다
가난한 아버지 곁에
부자인 아들이 걷고
나이 먹은 남편 곁에는
세월 먹는 아내가 동무합니다
울긋불긋 사투리 무성한 잎을 달고
화려한 이야기꽃도 피어납니다
해마다 꽃씨 떨어져
또 새로운 꽃이 피어납니다

무등산은 산속에 있지 않습니다
무등산은 산에서 내려온 산입니다
쉬어 가는 사람과
놀고 가는 사람과
묵어 가는 사람들,
탁주잔에 하늘 담아 목을 축일 때에도
무등은 가만히 곁에 와 있습니다

무등산은 경계를 갖고 있지만,
경계를 벗어난 산이기도 합니다
무등산은 사람 같은 산입니다

무등산은 험한 골짜기를 기르지 않습니다
무등산은 많은 숲으로 치장하지도 않습니다
흐르는 물보다는 채워지는 물,
껴안고 포개어지는 물을 사랑합니다
바람이 들려주는 악기처럼
작은 숲이 전하는 이야기,
우리 살아온 이야기에
무등산은 내려와 귀를 열고,
또 열어줍니다
눈을 감기도, 뜨기도 하면서
가만한 웃음을 내려도 주고
때로는 모른 채
먼 산에 시선을 돌리기도 합니다
무등산은 사람 같은 산입니다
그 사람이 무등산입니다

무등산은 말이 없습니다
말을 할 수 없는 사람들도 오고,
말을 할 줄 모르는 사람들도 오고,
말을 많이 하는 사람들도 오지만,
무등산은 말이 없습니다

우리의 마음이 고요할 때,
그의 넓은 이마는 하늘에 닿아 있고
우리의 마음이 산란할 때,
그의 넓은 무릎 떨리어오고
우리의 마음이 분노할 때는
검은 구름을 움켜쥐고 있습니다
모든 말을 듣고 있는 무등산,
모든 말을 하고 있습니다

무등산은 열심히 살아가는 산입니다
사람 따라 꽃 피우고,
사람과 함께 땀 흘리며
철따라 갈바람 억새꽃 날고,
겨울과 함께 흰 눈 먼저 불러오는,
흙더미의 흙산입니다
흙집을 짓고
흙집으로 돌아갑니다

무등無等 앞에 서면
우리가 어떻게 살았는지 압니다
무등無等 앞에 서면
우리가 어떻게 살고 있는지 알 수가 있습니다
무등無等 앞에만 서면
우리는 어떻게 살아야 할지 생각이 납니다
무등산은 사람입니다
그 사람이 바로 무등산입니다

바다의 해초海草

바다의 해초海草,
미역을 재료로 한 미역국 속에는
나의 어린 시절의 슬픈 기억이
자꾸만 자꾸만 파도칩니다.

바다를 낀 항구도시 낮은 지붕 밑
두리뭉실 원룸one-room 같은 방 하나에
발 가운데 모으고 머리 각자 두른
작은방 살림살이는 '가난한 행복'도 아니었습니다.

아버지 일 나가신 생일날이며
손님이 다녀간 다음날 아침밥상에
4형제 앉고 서서 먹고자 전쟁일 때,
어머니 싸울까봐 걱정이 태산입니다.

요리조리 겨우겨우 구색 맞추어
전쟁을 가까스로 잠재우시면
밥상머리 그 위로 평화가 날고
어머니는 막내를 달래어줍니다.

몇 날 며칠의 시래깃국 뒤에 나온,
기름기 고소한 소고기 미역국은
형제들 모처럼 침도는 진수성찬珍羞盛饌,
행복을 위장僞裝한 한 끼니의 눈물이었습니다.
4형제 중 어느 누구의 생일날,
모두 쌀밥 한 그릇에 미역국 한 그릇,

하지만 이미 잡수셨다는 어머니의 국 그릇,
보이지 않아도 우리는 알 리가 없습니다.

그 날에도 건더기 많은 양, 시늉한 국그릇에
겨우 밥 한 덩어리 섬처럼 떠 있고,
수저는 육교陸橋처럼 걸쳐있어
맛을 위한 밥이 아닌, 생활 위한 밥의 어머니,

4형제 밥상머리 자리가 따로 없고,
국그릇 밥그릇 따로 있을 리 없고,
물그릇도, 젓가락도 따로이 없는,
수저 하나면 되었던 우리들의 어머니,

어머니의 밥그릇은 항상 국그릇이고
또 국그릇이 항상 밥그릇.
따로 맛볼 일 없어, 미리 함께 섞어오는
항상 말아서만 드시는 미역국밥, 시래기국밥.

우리는 그 시절 어머니가 맛있게만 잡수시는 줄 알았습니다.
어쩌다 노르스름 풍성한 계란찜이 오르거나
고등어 푸른 등지느러미 헤엄칠 때면
어머니는 진즉부터 우리들의 평화를 위해
공평하고 정확한 4등분을 선언하기에 바쁘고,
어쩌다 여름 한 철 보양식,
계란찜 무색한 어미닭의 허연 살코기,
하얀 밥알 묻히고 나오면 4형제의 함성소리,

억지인 양 팔 휘두르며 미소 짓던 어머니.

고기도 고루, 영양도 고루
나이대로, 어린 대로, 4형제 고루고루
꼼꼼한 4등분하느라
엄지손, 검지손 굽었다 펴시던 어머니.

맛도 모른 멀건 국과 밥을 함께 말아
당신 밥엔 반찬도 필요 없이
제일 먼저 그릇째 비워버린
미역국 밥, 시래기 국밥의 주인이신 어머니,

세상 뜨신 몇 년이 흐른 지금,
나는 아무래도 어느 누구의 잘 차린 생일 미역국 밥,
제대로 먹을 수가 없습니다, 없습니다.
목이 메어서, 메어서 말입니다.

돌아가신 후, 어머님께
이런 말도, 저런 글도
모두 모두 불효不孝일 뿐입니다만,
어머니! 어머니!

바다의 해초海草,
미역을 재료材料로 한 미역국 속에는
나의 어린 시절의 슬픈 기억이
자꾸만 자꾸만 파도칩니다.

흉터

내 얼굴에는,
흉터가 하나 있습니다
가늘고 긴 상처傷處가 하나
가로질러,
높은 신열身熱에 괴로웠을
흉한 흉터가 하나 남아 있습니다.

아침마다,
아침에 하는 세안洗顔마다,
머리를 빗고 만질 때마다,
상처는 다시 덧나고 아파오는
이 흉터는 잘 보이진 않지만
가까이 다가오는 사람은 외면을 합니다.

아, 어머님께 불효한 이 흉터,
이 흉터를 안고 어머님은 돌아가셨습니다
어머님을 위하는 일인 줄 알았습니다만,
아, 당신의 추위로 옷을 해 입고
당신의 슬픔으로 바람을 막았습니다

지금, 내 얼굴에
자세히 보면
거울에는 없는
가늘고 긴 흉터 하나,

그때는 그것이
길게 난 어머님의 상처였던 것입니다.

밤바다에서

별이 뜬 바다에 나오면
까닭 모를 슬픔이 일어납니다
즐거웠던 일들
남보다 행복했던 날들이
나에게 등을 돌리고
슬픈 얼굴로 돌아옵니다.

바다에 밤이 깊으면
그간의 슬픔도 사라집니다
수많은 파도들이 어깨를 걸고
내려놓은 마음들을 가져갑니다
밤새워 모래알을 굴리며 있어도
바다는 가라는 말이 없습니다.

돌아올 때 되면,
바다에는 버릴 것이 많습니다
행복도 불행도 그만,
슬픔도 기쁨도 놓아 보내고,
나 대신 가난했던 사람들
나 대신 불행했던 사람들에게
미안한 마음만 하나 가지고 돌아옵니다.

별이 뜬 바다에 나오면
까닭 모를 슬픔이 일어났다가
까닭 없이 슬픔이 사라집니다.

제5부 카페에서

갈 수 없는
바다에
배를 띄우고…

별

나, 아직
미래도 모르고
과거 더욱 알 수 없던,

나, 아직
세상을 모르고
인정人情 더욱 알 수 없던,

들녘의 풀처럼,
날이면 피었다
지고,

바위 틈 꽃처럼,
아침에 피었다
또 지던,

아, 그리운 날들
먼 곳에 깜박이다가
창밖에 낙엽이 진다,
오늘은.

낚시터에 가면

낚시터에 가면
숲이 먼저 옵니다
안개가 물 위에 서고
바람이 달려옵니다
새소리 누워서 들으며
호숫가에 하늘도 서성입니다

낚시터에 가면
마음이 먼저 옵니다
어른의 마음이 먼저 왔다가
아이의 마음도 따라옵니다
흰 구름 내려와 돛단배 달고
개구리 놀라서 뜀박질합니다

낚시터 호숫가에 앉으면
그리움이 먼저 와 있습니다
친구의 웃는 얼굴도,
헤어져서 슬픈 얼굴도,
어쩌면 이웃의 다정한 얼굴도,
알고 먼저 와 있습니다
하루 종일 그리움의 얼굴들을 들여다봅니다

서녘에 저녁 해 기울면
모두 다 두고 옵니다
숲과 안개도

바람과 산새도
그대로 두고 옵니다
마음도 거기에 두고
그리움도 그대로 두고
낚싯대 메고서 혼자서 옵니다

나비의 꿈

훨-훨-, 나비는
마음보다 가볍다
람보다 날래다
접었다 펴는 날개,
산보다 높이 솟고
바다보다 낮게 난다.

훨-훨-, 날갯짓
슬픔이 가벼웁다
고통이 사라진다
접었다 펴는 날개,
생로병사 저만큼에
희로애락 이 만큼에.

하늘에서 훨-훨-
지상에 산천 두고
인간에 슬픔 두고
이승에서 저승으로
환생의 다리를,
훨-훨-, 꿈을 나른다.

나비는 꿈꾸는 행복,
꿈에 작은 나비를 보았다.

쪽지편지

밤사이 꿈속에서
수줍은 얼굴을 보내오셨으니
다음번엔 얼굴 더욱 붉히고
가만히 두 눈만 내놓아
슬쩍, 소녀처럼 눈을 흘겨보겠지요.

흘러간 물을 퍼 올려서
호호 불어 먼지 쓸어내고
거울처럼 맑게 씻은 물에
지나간 날들을 배처럼 띄워놓고
훌쩍, 나무 밑 그네에 앉아도 보겠지요

세월은 흐르고 흘러서
세상은 우리를 밀어내는데
흐르는 물을 퍼 올리듯
흘러간 세월도 다시 퍼 올릴 수 있다면,

이 세상의 물을 다 퍼 올려서
이 세상의 나이테를 다 되돌릴 수 있다면,
난, 난,
맨 먼저 당신의 주름진 나이테를 돌려놓으리다

그대는, 항상
꿈속에서 보는 수줍은 얼굴

화음和音

식사에는
좋은 음악을 흐르게 하고
멋진 융단을 깔아
한 잔의 붉은 포도주와 함께
화이트라이를 곁들인 가벼운 유머를
꽃의 향기처럼 뿌리는 일이 꼭 필요하진 않지만,

수저를 씹거나
젓가락에 찔리는 일이 없도록,

밥을 먹을 때
먼저 부드러운 입술이
가만히 수저를 받아 주어야 한다
배가 고플수록
눈으로 음식을 음미한 뒤에
입을 아주 적당히 벌리고
이빨이 입술보다 먼저 나와서는 안 된다
혀는 맨 나중에 마중을 나와서
입 안을 두루 잘 살펴야 하고
수저는 너무 깊이 넣지 말며
혀는 너무 밖으로 나와선 안 된다
그렇지 않으면 혀를 깨물어야 한다
모든 이들에게 이 일이 매우 중요하다
남자도, 여자도,

그러나 나이가 들면,
가끔 수저가 이빨에 부딪힌다
그리고 유머도 빗나간다
인생이라는 것.

---

* 화이트 라이(a white lie) : 선의의 거짓말.

카페에서

가볍게 와인 한 잔은,
새로운 바다에 항해를 떠나는 일
푸른 바다를 상상하고
날으는 갈매기의 은빛 날개와
흰 울음소리를 듣는 일, 그리고
아직 돌아올 날은 생각지 않는 일,

다음 한잔은,
푸른 파도에 몸을 싣고
뱃고동 소리를 듣는 일
꿈꿀 수 없는 것들을 꿈꾸며
바닷새 날갯짓하는
새로운 항구마다 새롭게 눈 뜨는 일,

인생은,
한두 잔의 와인
갈 수 없는 바다에 배를 띄우고
흰 갈매기를 그리는 일
꿈꿀 수 없는 것들을 꿈꾸다가
다시, 떠나온 항구로 돌아오는 일,

이층 카페에서,
인생을 바라다보는 일
푸른 바다와
흰 갈매기와
함께 찾아온 불빛 항구에서

신新새벽

나는 신새벽이 좋다
하루의 아침,
낯을 씻고 눈을 뜨는
신 새벽이 좋다

어제에게 속이 상하고
때로는 억울한 누명과
더러는 상처를 입었어도
오늘 새벽에는,
왠지 엷은 미소로 답하는
아침 산책길이 좋다

마을로 가는 길이 저만큼
오늘은 숲이 조금 짙구나
호수는 가까이에서 빛나고
벤치에는 새들이 앉아서,
하늘은 좀 더 푸르게
안개는 조금만 뿌려두자

지우고 그리는 그림,
알맞게 잡은 구도,
점점이 밝아오는 새벽길.

외도에 가면

남해 물결,
외로운 섬
사람도 멀리하는,
하늘과 바다로 울타리 두르고
바람과 구름 꽃 함께 날며
갈매기 날갯짓도 멈추는 그곳,
외로운 섬 하나,
외도로 가리

그곳에 가면,
파도마다 꽃이 피어
바람마다 노래 소리
구름마다 춤을 추리니,
태양은 또 장대한 연주를 시작하리라

숲 속의 나무들 푸르게 깨어나고,
바윗돌 은모래 빛 옆으로 걷는 게
따갑게 혼내주리.
흰 구름 게으르게 물고기 떼 짓고
청노루 달리면 토끼 함께 뛰고
소라며 바다고동 귀 기울여 경청하리.

나 그곳에 가면,
돌아오진 않으리.
지는 해 뜨는 달,

발은 바다를 밟고
팔은 구름에 걸어
하늘에 머리 얹고 살리.
나, 가면
돌아오진 않으리.

첫눈 오는 날

우리, 첫눈 오는 날 만나자
머리에 예쁜 핀, 필요 없고
머플러도 서두를 것 없이
설레임만 가슴에 안고
조금은 어설픈
달음질로 나오자,
하얀 마음 달고서.

걸어온 길에
모처럼 눈 맞은 모습들, 보면서
꽃처럼 내려앉은
서로의 하얀 눈 털어주며
조금은 어설픈
손맛 나는 악수를 나누자,
하얀 마음 묻어나도록.

가능한, 도심을 비켜간
한가한 곳
소나무에 눈이 내려앉는,
조금은 불편하지만
사람이 보고 싶은,
허름한 찻집이면 좋겠다
하얀 마음도 함께 피어나는,

첫눈 오는 날의
우리들의 이야기,
흰 눈처럼 커가는
아이들의 이야기,
첫눈 같은
첫사랑의 이야기,
곱게 배어나는 이야기하면서
우리들의 하얀 마음 전하는 이야기,

우리 첫눈 오는 날 만나자.

모닝커피 한잔

홍차 한잔보다는 조금 많고
머그 한잔보다는 더 가벼운,
모닝커피 한잔을
나는 그대라 부릅니다.

늦은 아침에 일어나
기지개로 아침을 대신하고
점심 앞에서 다이어트하는
귀여운 여인, 그대는.

내가 조금 젊었을 때는
그대도 젊어,
나와 함께 강한 향기로
자주 자주 만났습니다,
공원에서도, 거리에서도
사람들이 물결처럼 흐르는
배낭여행의 마지막 카페에서도,

지금은,
다과상 앞에 둔 거실에서나
게으른 식사 후 식탁에서보다
조용히,
낙엽 쌓인 숲 속을 지나듯
홀로 찾는 나의 서재 안에서,
나는, 그대를 가만히 만나봅니다
함께 웃으며 조금씩 늙어 가는,

'내 향기가 어때요, 너무 강하진 않나요?'
'아니, 은은해서 좋아요. 색상도 고운데!'

사랑한다는 것은

사랑한다는 것은,
아름다운 용기勇氣를 가졌다는 것입니다
그리고 자신을 내어주는 위험한 일입니다
자신만을 고집하는 것은
평범한 사람들이 하는 일입니다

우리가 누군가를 사랑한다는 것은,
우리가 하는 일이 아닙니다
우리 안의 다른 존재가 일으키는 일입니다
우리는 이미 자신을 내어주었던 것입니다

그러므로 사랑의 길은
여럿이 함께 담소하며 걷는,
넓고 평탄한 길이 아닌,
혼자서 나만이 갈 수 있는,
바람 불고 추운, 몹시 좁은 길입니다

자신을 내어주고 의연히 걷는 길에서
멀고 험난하여 넘어질 때마다
내 안의 다른 존재에게로 생각을 옮기고
다리에 힘을 실어 다시 걸음을 옮기는 일입니다
그래서 스스로 빛나는 자존自尊의 빛입니다

참으로 사랑한다는 것은,
알고서 고해苦海의 바다를 두려워하지 않는 일,
이미 그 일이 시작되었을 때

그만이 갖는 기상氣像과
높고 경건한 마음으로만 가능한,
신神의 의로운 선택임을 아는 일입니다.

내 안에 촛불 하나
－촛불집회를 보고

내 안에 촛불 하나
고운 빛 타고 싶은,
큰 빛 아닌,
작은 빛으로
내 마음 타고 싶은,
떠나고 없는, 어둠 속
내 안의 촛불 하나.

몸을 태우고,
마음을 태우고,
눈물로 고이는
그런 빛 하나
내 마음에 갖고 싶은,
내 안의 다른 하나.

모든 소리를 벗고
검은 그을음을 버리고
형상마저 지우듯, 타는
타고나서 남는,
고요한 흔들림으로
내 영혼에 울리는, 그런

내 안의 작은 촛불 하나,
내 몸속에 숨쉬는
작은 영혼 하나.

한글
－전남대 언어연구원 한국어교사 제11기 양성과정을 마치고

나랏말쌈이 중국과 달라
하늘에서 임금을 내시니
새 시대 새 임금,
세종대왕이 세상에 나오셨네.

성군聖君 중의 성군,
대왕께서 먼저 하신 일은
집현전에 터를 잡아
학문을 일으키신 일,

성군聖君 중의 성군,
널리 인재 등용하시고
새로이 스물여덟 자를 만드시니
마침내 한자漢子와 크게 일탈逸脫하셨네.

'바빠파'는 파열하는 양순兩脣음,
'다따타'는 치조에서,
'가까카'는 연구개에서 파열하고,

양순으로 코를 울리는 '미음',
치조에서 코를 또 울리는 '니은'과 흐르는 '리을',
마찰시키는 것은 '시옷', '쌍시옷'이지만
'시옷', '쌍시옷'이 파찰되는 '자짜차'는
센 입천장, 경구개에서 나는 소리,
구개음화 주인공이요

'이응'은 연구개에서 코울림소리,
마지막 '히읗'은 후두에서 마찰되는 격음이나니,

이 열아홉 자음을 내리신 것은,
만물을 운행하시는 천지신명이
대왕께 내리신 업적
성은聖恩이여 망극하여라,
비로소 우리말 우리 글로
아름다운 금수강산 입히시니
계절마다 새 이름으로 빛나고
사람마다 참 이름을 얻었도다.

답답하고 갑갑한,
얽매이던 한자에서
아름답고 맵시 있는,
멋들고 가락 있는
우리 글로 풀려남이라.

밝은 세상, 밝은 성군
온 국민이 입을 모아
밤낮으로 가 갸 거 겨
마을마다 기역 니은
잔치보다 즐거웁고
제사祭祀보다 정성이라.

성군聖君 중의 성군,
과학科學과 철학哲學을
아름답게 빚으신 후
철학과 과학을
감쪽같이 지우셨으니,

음식 맛은 새콤하고 달콤하고,
맛이 좋고도 야릇하면
새콤달콤하고,
또는 새코롬 달코롬도 하고,
고춧가루 들어가면
매콤하고,
하지만 코에 들어온
생가지 군불 때는 연기는 메케하고,

세종께서 지으셨네

소금기 많아서 간이 들면 짭짤하고,
소금으로 수입이 생겨도 짭짤하고,
일한 뒤에 막걸리는 걸걸하고,
일하고도 못 마시면 컬컬하고,
취한 뒤에 낮잠 자면 콜콜하고,
세상모르고 잠을 자면 쿨쿨하고,
나이 들어 병이 들면 골골하고,
살림살이 병이 들어도 골골하고,
시어머니 잔소리는 시시콜콜하고,

뿐이랴,
봄이 오면 시냇가에 버들개지는 벙긋,
사립문에 고개 내민 새악시는 방긋,
오랜만에 입을 살짝 열면 뻥긋,
반가운 임을 만나 은근슬쩍 웃을 때는 빵긋,

뿐이랴,
정월 대보름날 동산 위에 보름달은 둥실,
당산굿 마당에는 장단 맞춘 어깨춤이 덩실,
삼대독자 할아버지 손자 어를 때는 두둥실,
난리 통에 살아온 아들 잡고 추는 춤은 더덩실,

세종께서 지으셨네

또한,
성군聖君 중의 성군 되시니,
한자漢字에 묶인 한恨을
가볍고도 쉽게, 재미있게 풀어 놓으셨음으로
가락 든 노랫말은 여인들을 위한 강강수월래라,

시집살이 인생살이
천천히 삭일 때는
'늦은 강강',

양손에 옆 사람 시름을 함께 걸고
가앙 강 수우 어얼래
멀리 떠난 친정집도 그리워라
가앙 강 수우 어얼래,

시집살이 인생살이
낭군 따라 살겠기로
굳게 굳게 마음먹어
'중강강'이 더 낫겠네.
강을 따라 산을 따라, 강강 수얼 래
꽃도 좋고 물도 좋고, 강강 수얼 래
기왕지사 인생지사, 강강 수얼 래
재미나게 살아보세, 강강 수얼 래

시집살이 인생살이
낭군 따라 원 없이 살았으니
즐겁고도 흥겨웁게
'잦은 강강'이 더 좋겠네,
강이 뛴다 산이 뛴다, 강강술래
봄철이면 꽃이 피고, 강강술래
꽃이 피면 진달래로, 강강술래
화전 부쳐 입에 넣고, 강강술래
그 입술을 감췄다가, 강강술래
임이 오면 내어 주마, 강강술래
강강술래 강강술래

세종께서 남기고 가시었네,
길이길이 한글을 보존하라,
세계만방에 이제 고하라, 고하라

세종께서 말씀하시네
나를 잊고 한글을 사랑하라!

꽃은

꽃은…
사랑하는 사람을 닮았다
처음 만난 자리에선
조용히 바라만 보다가
마침내 사랑하고 떠나야 한다.

밤을 보낸 꽃은…
사나운 바람에 떨며
흙먼지로 덮이다가도
다시 일어나 미소로 답하며
나에게 파란 꿈을 펼쳐 보인다.

옛날,
나에게는 꽃 같은 임이 하나 있었다.
말은 별로 없으나
멀리서 향기부터 전해오고
소리는 들리지 않아도
나에겐 항상 꿈을 얘기해주었다.

꽃은, 지금도
사랑하는 사람을 닮고
옛날의 임을 닮아간다.

제6부 파리바게트의 유혹

나누어 줄
　　　만큼
행복이 많이…

대한조선
― 〈토지〉를 읽고

조선아, 너는 웃고 있느냐
조선아, 너는 울고 있느냐
나라에 도적이 들어서
가장家長은 목숨을 빌붙어 숨고
아낙은 치마를 곧잘 걷는고나,
좁쌀 한 됫박에!

공자, 맹자 성인 군자
굶고는 못 산다더냐
목에 칼을 차고도
눈빛으로 호령하던 위엄은 어데 두었더냐.
조선아, 조선아,
배고픈 좁쌀 한 됫박에!

양반님네들 함께
동방예의지국東方禮義之國하고
등화가친燈火可親하여
이전투구泥田鬪狗로
형제의 살도 찢는고나
높이 쌓인 서책書冊을 읽고도
어미를 부정하고
아비를 단죄하고
가정을 찢는고나
백성들 북으로 북으로 흩어져
전라도가 경상도가

함경도가 평안도가
뿔뿔이 뿔뿔이 땅을 버리는고나
태어난 땅을,
길러준 땅을,
함께 피 흘리고 나누고 싸워온 땅을
이제라도 늦지 않다 배신背信하고
북으로 북으로 남부여대男負女戴,
종으로 횡으로 삼삼오오三三五五,
남의 나라 머슴 살러, 종으로
배나 불리고자 임도 버리는고나,
똥이라도 배불리 누자고, 쉬이 싸자고
나라님도 버리는고나,
조국을 버리는고나,
조국아, 조선아, 대한조선아.

그러나 일어서야 한다 조선은,
문서로 도장 찍어
나라는 비록 팔았어도
피는 아직 식지 않았다!
못 살고 북으로 도망간 죄가
이제는 내려오리라 반드시
100년이 지났음을,
한 세기가 막을 내렸음을,
선포하러 오리라, 고하러
전라도와 경상도로

함경도와 평안도로
낫과 괭이는 내려놓고
가슴과 가슴으로 방패하고
몸에 감은 핏줄과 핏줄을 줄줄이 풀어내어
매듭과 매듭을 연연이 잇고 이어
잃어버린 부모와 가장家長, 아낙,
찢긴 형제를 돌려놓으리라
역사를 돌리고 세우리라
나라님도 찾으러 나서리라
이 세기가 다 가기 전에는,
그리고 서로의 눈물을 닦아주리라
다시는, 어떠한 역사에도 없겠노라고,

하지만 조선아, 아직 너는 울고 있구나?
아직도 울고 있는 것이냐?

광주와 민주주의

전라도 광주에 가면
민주주의를 말할 때
모두가 양동시장을 이야기한다
책에 나오는 사상思想보다는
싱싱한 고등어 이야기를 하면서
민주주의를 튼튼한 시장의 원리라 한다

시장에 모인 물줄기가
금남로, 도청을 거쳐서
무등산 상봉에 이르면,
오늘의 서편, 그 절망 속에서
내일의 동편, 그 희망을 바라보는 곳,
그곳이 광주라고만 한다

빛이 아닌 빛의 도시
빛을 추구하는 이곳은
약속의 땅, 가나안땅은 아니라고 한다
남녀노소 살아가는 이야기를 하면서
아프게 삶을 조각하는 예술의 도시,
그곳이라고만 한다

절망을 절망이라고만 하지 않듯이,
희망을 희망이라고만 하지 않듯이,
다만, 그리움이 깊으면
사랑이 태어나는 곳,

지방 지방이 모여 살면서
사랑이 소리지르는 곳,
그런 곳이라고만 한다

---

* '80년대의 민주주의로 표상되는 광주의 5·18항쟁은 그 과정 속에서 많은 양동시장 영세 상인들의 훈훈하고도 값진 동정을 얻어냈다.

파리바게트의 유혹誘惑

나는 보았지,
어느 중앙 일간지 헤드라인에서
"유통기한 하루 지난 파리바게뜨 빵 속에 벌레!"

다음 장에서 나는 또 보았지,
2007년 4월 1일자 지식 검색창의 댓글:
"파리바게트는 우리나라 거예요. 바게트는 프랑스를 대표하는 빵으로 파리바게트라는 이름은 유럽풍 빵의 이미지를 살리려는 의도…ㅋㅋㅋ
정확한 회사 이름은 주식회사 파리크라상입니다."

나는 생각했지,
외제外製 '파리' 씨와 또 외제外製 '바게트' 씨,
토종 우리나라를 벌레 먹고 있다고.

나는 또 보았지,
외제 아닌 국산國産,
파리가 윙윙거리는 '시지정모범음식점市指定模範飮食店'에서
"우리 집에는 파리가 전혀 없습니다"라고,

또
파리 씨와 함께 먹다 남은 음식물 쓰레기,
각종 쓰레기 씨와 함께 사이좋게 우글우글 모여있는 곳은,
바로 다름 아닌 '쓰레기를 버리지 마시오' 외치는 곳이라고,
바로 다름 아닌 쓰레기처럼 버려질 사람들 때문에.

그래서 나는 알았지,
담배를 피우려면 '금연' 쪽으로 가면 가장 안전하고,
취한 술 몰래 버릴 때는 '소변금지'가 가장 시원하고,
심심할 때 '출입금지'에 가면 반드시 무엇인가 볼 만한 꺼리가
있다는 것을.

그렇지만
'행복을 나누어드립니다'에는 절대 가지 말 것을,
저들은 결코 행복을 나누어줄 만큼 행복이 많이 남아있지 않
다는 것을,
나는 또 알았지,

그래서 유혹은 갈수록 유치해질 것이라고……

---

* '파리바게트'는 단지 외래어로 표기된 상표를 나타낼 뿐임.

코리아

아주 먼 옛날,
하늘은 새파랗고
바다는 검푸르던 때
작은 섬이 되려다 만
아주 작은 나라,
아침저녁으로 물새 떼 날고
산에는 사슴 노루 뛰놀던
평화로운 해양의 나라.

단군께서는 다정한 삼 형제를 내셨으니
그 맏아들을 '고구려'라 하고,
큰 머리에 숯이 많은 검은 눈썹,
억센 팔과 튼튼한 다리를 주어
그 용맹으로 말을 달려 북방을 지키게 하시고,

둘째는 '백제'라 이름하시고,
큰 얼굴에 귀를 길게 늘이시고
가슴은 두툼하고 눈썹은 여리어
보고 듣고 생각하는 바, 깊게 하시어
그 총명과 예지로 남해와 황해를 보전케 하시고,

셋째는 '신라'라 이름지으시고,
용모에 이목구비를 높게 놓으시고
목은 길게 허리를 가늘게 하여
그 능력을 여럿으로 나누어 두루 겸비케 하시고

용맹과 총명함, 예지로 남해와 동해를 다스리게 하시니,

세 주인이 한 나라를 이루고
해와 달을 섬기며 오래 오래
육지와 바다를 사랑하며 살고 싶었으나
자연의 힘을 누가 요량하리
잔잔하던 바다에도 바람이 일고
때로 하늘에도 구름이 일었다 스러지듯
화목하고 단란하던 삼형제에게도
검은 구름의 불신이 일기 시작했으니

세 주인이 다스리는 세 나라로 선이 그어져
셋은 때로 넷이 되고, 또한 다섯이 되고자
집밖의 적을 불러들여
둘이 하나를 치거나
둘과 둘이 싸우거나
때로는 셋이 하나를 없애기도 하고
다시 둘이나 하나가 나머지 하나를 다시 치기도 하니

고구려의 반과 백제의 반이 나뉘고
작은 신라에 합하여
하나의 커다란 신라를 만들고
마침내 역사의 강은 굽이쳐
고려(코리아)를 이루었다가
조선에 이르러, 또 강은 크게 굽이쳤으니

급기야 바다 건너 해양족들의 사냥터가 되고
이제는 굴욕의 대한제국, 남의 옷을 입게 되었도다.

이때부터 뼈아픈 역사는 시작되었으니,
따뜻했던 해양의 나라에
여러 나라의 말이 들어오고
많은 문화와 사상의 숫자만큼
여럿으로 찢기고 갈리기를 시작하여
드디어 주인은 바뀌고
이 나라의 백성은 섬기는 종이 되거나
또는 섬기는 종의 종을 섬기는 종이 되었구나!

이 작은 나라에
그 큰 자연의 힘이 미칠 줄
어찌 요량하였으랴,
드센 바깥바람을 모르고 자란
담장 밑의 여린 꽃잎은
밀물처럼 밀려드는 외세의 침략에 떠밀리어
부끄러운 흰옷에 검은흙을 끝내 털어 내지 못하고
해외로, 북으로, 벌판으로 종살이를 떠나는구나.

남의 말을 배우기 위해
나의 말을 잊어가면서도
찬바람을 막기 위해
흰옷을 바꿔가면서도

백의보다 깨끗한 마음만은 바꾸지 못해
밤이면 고향의 노랫말을 익히고
간간이 나라소식 묻는 정성만은
눈처럼 하얗게 하얗게 쌓여갔구나.

자연이 아름다운 해양의 나라
대한의 조선, 코리아는
이렇게 크고 작은 이리 떼,
승냥이의 깊숙한 이빨 아래
맑고도 깨끗한 수액을 빨리우고 빨리워
이웃 간의 나누던 정리도 엷어지고
사촌간의 오가던 예의도 흐려지고
측은지심, 수오지심은 어느 나라의 말이던고!

스스로 나라를 폐하려는 자와
다시 나라를 세우려는 자가 다투기를 반세기,
서로가 서로의 형제에게
총을 겨눈 전쟁의 상흔을 남긴 채
다시 둘로 크게 나뉜 형제가 되었으니
또 다른 반세기를 서로가 그리워하며 애를 태워도
한번 불어간 바람은 바뀌지 않아
세상은 형제를 가만히 놓아두질 않는구나.

아, 그립구나
튼튼한 다리와 따뜻한 가슴,

슬기로운 눈매와 부드러운 미소,
맑고도 향그러운 평화의 노래 소리
시대가 흘러도 변치 않던
그 우직한 충정, 백의白衣의 의혈義血들,
이제 어디 가서 보겠는가,
어디 가서 듣겠는가!

아, 우리가 어디 가서 마음 놓고 〈아리랑〉을 청하랴!
어디 가서 그리운 〈아리랑〉을 들으랴!

루이비똥과 짝퉁

프랑똥 씨 가문家門과 꼬레퉁 씨 가문家門이 혼사婚事를 맺었죠
신랑은 프랑똥 씨 가문의 장남, 루이비똥 씨고
신부는 꼬레퉁 씨 가문의 장녀, 짝퉁 씨.
'똥' 가문과 '퉁' 가문이죠
프랑 똥 가문의 하객賀客들은 구찌 씨를 비롯,
버버리, 프라다, 샤넬… 등등 향기 있는 가문들의 향기가 진동
했고,
(물론 '똥' 가문의 향기보다야 못 미쳤지만요)
꼬레 퉁 가문의 하객賀客들은 짜가 씨를 비롯,
짜댕, 짜가리, 가리지날… 등등 눈부신 가문들의 눈이 부셨죠
(물론 '퉁' 가문의 화려함보다야 못 미쳤지만요, 왜냐면 짝퉁
씨 가문의 먼 친척으로 눈퉁 씨 가문이 먹퉁, 밥퉁 등의 가문
보다 A급이라서요)
그 날은 하객들은 물론, 양 가문들의 다이아, 루비, 사파이어,
등등이 뿜어대는 광채로
하늘에 태양이 쉬지를 못했답니다 그려

그런데 문제가 생겼습니다
서로 문화가 다른 양가兩家에서는 루이비똥 씨의 부인
짝퉁 씨의 명명命名법을 놓고 문제가 제기되었습니다
루이비똥 씨는 이제 시댁의 가문, '짝똥'이 되어 달라 했고,
짝퉁 씨는 여전히 친정의 가문, '짝퉁'을 고집했죠
그러니까 한쪽에서는 '똥'이 되어서
'똥'을 낳아 달라, 하는 것이고
다른 쪽에서는 아니다, 여전히 '퉁'만을 낳겠다
미련퉁이, 잠퉁이, 꾀퉁이, 심술퉁이

또 눈퉁이, 배퉁이, 젖퉁이까지

양가良家인 양가兩家에서는 이혼은 불가不可했죠
가문家門의 권위權威와 체통體統,
오기傲氣와 영광榮光 때문이죠

그러나 더 중요한 것은,
사랑은 없어도
서로가 서로를 필요로 했다는 점입니다
처음에는 열렬히 사랑했죠
아주 비슷비슷했으니까요
아주 슷비슷비했으니까요
그러다,
서로가 서로를 알고 난 후에는,
때는 이미 늦었습니다
너무 늦었죠
사랑은 사치가 되어버렸고,
오직 생존만이 남았습니다
사랑을 위하여 사치했던 그들은,
이제 생존을 위해서 사치할 뿐입니다
서로가 서로를 뜯어먹고 살았습니다
헐뜯어 먹고 살았습니다
사교계에서 짝퉁이 없으면,
루이비똥은 존재가 없습니다
짝퉁이 있어야 루이비똥이 빛나고

루이비똥이 있어야 짝퉁의 체면이 섭니다
아무도 함부로 괄시하지 못합니다
가리지날이 없으면,
오리지날도 없고,
오리지날이 없으면,
가리지날은 '갸자^字인 가짜만 남습니다

이들의 사랑 없는 씨앗,
생존의 씨앗이 바람에 날립니다,
전세계를 유랑합니다.
프랑똥 가문家門의 루이비똥 씨의 아들딸들
유럽권으로 날리고,
꼬레퉁 가문家門의 짝퉁 씨의 아들딸들
아시아권으로 날리고,
먼 훗날의 세계는
똥 씨 가문과
퉁 씨 가문으로 양분되어
어쩌면 우리 모두 조금씩
'똥' 씨와 '퉁' 씨 가문家門의 피가 섞일까 저어합니다
심히 걱정입니다
오늘도 씨앗은 날아가니까요

---

* 루이비똥은 프랑스 제품. 그래서 국적을 표시하여 '프랑똥' 가문으로, 짝퉁은 우리 한국제품이라 가정하여 '코리아'를 불어식 발음으로 차용해서 '꼬레퉁' 가문으로 표기했음.
* 여기의 유명 브랜드는 특정회사제품의 사실관계와는 무관함. 다만, 외국어의 음을 차용하고자 했을 뿐임.

하지 말세론末世論

오롯이 하나뿐인 심장이듯, 양심 하나
촛불로 켜들지 말세末世.
더 큰 불에 데이고
더 큰 벼락에 우리만 춥단 末일世.

새봄, 죽순 같은 우리 아들딸들 비정규직 철폐,
내 품안에 품고, 그거 하지 말세末世.
이십대 태반이 백수, 이태백이라는데, 우리 감사하세.
목 터지고 우리만 춥단 末일世.

별빛에 책장 넘기며, 청산青山에 푸른 피 뿌린
한얼민족 역사바로세우기, 그것도 그만 두세.
역사만도 골치 아픈데 철학까지 끌어다가 백골난망할 것 무엇인가?
영어 하나면 족하지, 외치지 말세末世. 말하지 말세末世.

파도를 타고 넘어, 안개를 헤치고 새롭게 태어나는 과거청산,
또한 묻어두세 파헤치지 말세末世.
오천 년에 빛나는 역사, 그거면 됐네.
과거의 빚보다도, 현재 진 빚만 갚자는 末일世, 이 말세末世에
末일世.

시퍼런 민주주의, 바쳐진 피와 함성은 아직도 산하에 흥건한데,
나라님 받드는 대통령선거, 나 안할랴네 그만 두세. 말 말세末世.
치산치수治山治水에 요산요수樂山樂水하느라
입법한 범법자 아니면 찍을 사람 있다던가? 뽑을 사람 있다던가?

쇠고기수입 개방금지, 쇠고기 재협상추진 그런 것도 하지 말세末世.
검역주권 포기하세, 행복추구권, 식품안심권 운운하지 말세末世
선택권이 살아있으니까 末일世.
미우나 고우나 한우韓牛할 텐가,
미우나 고우나 미우美牛할 텐가, 잘 찍게 잘 선택하게
안 먹으면 된다 하지 말고, 안 먹으면 우리만 추울 테니
말세일세말세일세
미친 소가 사람을 넘보다니 말세末世다 그末일世.
감히, 광우권狂牛權이 인권人權을 넘보다니!

그래, 아무것도 하지 말세末世, 말세末世, 이 말세末世에 末일世
우리 모두 멍청히 있세그려.

옛말에

옛말에
택시와 낚시는 기다리면 온다 했거늘
지금 말에는
색시나 각시는 기다리면 가버린다 하네.

옛말이 지금 말과 사뭇 다른 것은
택시와 낚시가
색시나 각시와
'시'자 돌림으로 같기야 같아도
그 근본이야 사뭇 다르기 때문이기도 하지만,

지금에는
택시의 기다리는 미학美學보다는
대량으로 싼값에 버스를 바꿔가며
골라골라 환승하는,
그러한 경제성經濟性 때문일는지,
낚시의 기다리는 미학美學보다는
대량 인공 유료 낚시터, 낚아 낚아
대량의 손맛을 싼값에 낚아낼 수 있는
그러한 실용성實用性 때문일는지,

또, 지금에는
손孫 귀한 색시가, 기다리는 택시보다는
재빠르게 버스를 취향대로 골라 타듯
넘쳐나는 총각들 다다익선多多益善

한눈에 솎아낼 수 있는
그러한 수익성收益性 때문일는지,

또, 실패한 각시는 각시대로
데이트 오래고 오랜 뒤에 낚아내는,
낚고 낚이기보다는
경제성 좋은 신랑에 재깍 올인(all-in)하는
그러한 투기성投機性 때문일는지,

옛말에,
옛말 틀린 것 하나 없다 했는데
그건 옛말이고,
지금 세상에,
옛말 맞는 것 하나 없다 하네.

시인詩人과 생선장수
　　－한 생선장수 친구를 만나고

시詩를 사랑하는 한 친구가 생선 장사를 나갔습니다
불경기를 맞아 생선장수는 값을 내리기로 하였습니다
그리고 사랑하는 시詩 한 편씩을 얹어주었습니다
"생선 한 마리에 시詩 한 편 덤으로 얹어 줍니다!" 외쳤습니다
한 달쯤 지나서 생선은 써놓은 시詩가 바닥날 만큼 잘 팔렸습니다

밤에는 불을 밝히고 시를 쓰고
낮에는 열심히 생선을 팔았습니다
시장바닥에는 생선장수의 일화로
시장사람들의 웃는 평화와 사랑이 넘쳐났습니다
돈과 명예가 날마다 자라났습니다

그리고, 경기는 다시 회복되었습니다
생선은 여전히 잘 팔렸으나,
이제는 얹어주는 시詩는 받으려 하지 않았습니다
불경기의 상처가 다 나았던 것입니다

시를 사랑하는 친구는, 이제
밤에 불을 밝혀가며 시를 쓸 필요가 없게 되었습니다
그렇다고 생선 장사를 그만 둘 수는 없었습니다
또한, 시詩를 너무 사랑하였기 때문에
생선장수 친구는
팔리지 않는 시詩를 그만 둘 수도 없었습니다

밤에는 외로운 시詩를 써가며
낮에는 열심히 생선을 팔았습니다
돈은 쌓이고 시詩는 점점 잊혀져갔습니다
시를 사랑하는 생선장수는 너무 슬펐습니다
그 날부터 그는 몰래 기도하는 버릇이 생겼습니다
'또 한 번 불경기가 찾아와 주었으면!' 속삭였습니다

시장에는 시詩를 사랑하는 사람들이 많습니다
그들의 마음 한 구석에,
가끔은 불경기가 찾아오기를 바라는,
그러한 음흉한 마음이 들어있는지도 모르겠습니다

리얼리즘 변이變異

소주병은 리얼리스트.

로맨티스트는,
야릇한 분위기와
그것을 좋아하는 여성과
거기에 따라붙는 남성과
이 둘이 짝짓는 방정식의 해답은
연중 내내 첫눈 내리는 찻집,
구석진 곳에서 차茶의 향기나 입술로 빨아대며
고상한 이야기로 안주 삼는 로맨티스트보다야,

모더니스트는,
야릇한 분위기를 좀 세련되게, 모던하게
그리고 좀 비틀어서, 대담하게
그것을 좋아하는 여성
거기에 짝을 맞춘 남성을 신新 포비스트라 한다면,

이 둘이 만나는 좌표는, 좀 비틀거리는 팝아트
종합비타민, 팝송과 록이 지글대는
대형 호프집, 문화의 도가니
한가운데 뭇 시선을 받으며
머그잔에 거품째, 맥주의 꽃을 피워대는,
자칭 낯간지러운 모더니스트보다야,

또한,
동족同族임을 부끄러워하여, 그로테스크하게
머그 잔 속에 리얼리스트, 리얼한 실존주의자
깡소주 깡치를 박아 폭탄주를 즐기며
이 시대를 자처하는 첨단예술주의,
포스트 모더니즘보다야,

이즘(-ism)이 부재한 다다이즘(dadaism),
다다多多이스트들의 시대에
파란 병의 작은 소주병, 시퍼렇게 살아
목구멍에 후끈, 오늘도 불을 지른다
빈촌貧村의 포장마차에서
나는, 서먹한 이즘(-ism)을 마시는,
신종新種 외로움의 리얼리스트.

게 눈

강력
하고
강력한
집게발이 양켠으로
각각에 따라붙는 발들이 네 개씩
전진도 후퇴도 아예 없는
임전무퇴, 너는 왜 옆으로만 기는 게냐?
이 눈치 저 눈치 살피느라 눈알 빙빙 굴려가며
내뺄 구멍, 먼저 파놓고 어기적어기적 옆걸음만 치는 게냐?

두 눈은 안테나에 붙어서
찔러도 까딱없는
무감각한 갑옷을 무기삼고
이쪽저쪽 교대한 집게발로
게 눈 감추듯 삼키는 게야!
강인지 바다인지 흙탕물 뒤집어쓴 채
절족동물 갑각류, 등판은 떠나가고
복판이 갈라져도 두 눈만 띠룩띠룩
탱탱한 그 욕심에 짱뚱어가 뛰는구나
서천 쇠가 웃는구나

어쩌다 흙탕물에 살아서
절족동물 갑각류는 되더라도
게는 되지 말 일,
혹, 사는 날에 게는 되더라도
명예욕, 출세욕, 욕쟁이에

눈알 핑핑 굴려가며
옆걸음 실실 치는
바늘 끝의 게 눈은
닮지 말 일,
정말,
정말.

하느님께 문안을

하느님, 안녕하십니까
저는 기도할 줄 잘 모릅니다만
하느님을 아직 한번 뵌 적도 없구요
그러나 그 명성은 너무도 잘 알려져 있어서
또, 하느님의 높은 배움집들을 많이 많이 보아서
어쩌면 꿈에라도 몇 번쯤은 뵙지 않았을까 생각은 합니다만,
처음 서툰 기도의 솜씨를 요량하소서.

하느님,
정말 요즘 같으면 하느님이 계셨으면 좋겠습니다
제가 누군지 전혀 모르겠습니다요
겨우 가솔家率들은 알아보겠는데
내 형제 정도는 겨우 알겠는데
그 울타리 하나만 벗어나면
저는 아는 사람이 아무도 없습니다요

예전에는 아는 사람이 좀 많았습니다
많은 사람들이 또 저를 알아보았습니다만,
그래서 지금은 세상살이가 하도 서툴러서
어머님이 내려주신 유언으로, 몇 번
하느님의 배움집을 드나들고 있습니다만,
하느님께서는 저를 아시는지요
하느님이 계셨으면 참 좋겠습니다

저는 하느님께서 좀 편찮으시겠다는 생각은 합니다
선악과善惡果 탓인지, 좀 가르쳐놓았더니
넥타이에 머릿기름 바르고 어망군데 정신 쓰고
돈 더 벌겠다, 학위 더 따겠다, 시집장가 더 잘 가겠다
고향도 버리고 하느님도 버리고 해외로 떠나니
불효막심한 놈들, 조매 불편하시겠습니까만
그래도 일손 놓지 마시고, 버리지 마시고, 포기하지 마시고
혼 좀 내주시면 좋겠습니다요

혼 안 내주신다면,
정말 저는 제가 누군지 모르겠습니다
제가 하느님의 아들인지,
아니면 국적도 없는 개망나니인지,
세상이 개망나니 같다면 말입니다요
하느님, 제발 많이 아프신 것이 아니라면
다음 놈들을 꼭 좀 혼내주세요, 죽이지는 말구요!

첫째는,
글줄이나 안다는 문맹자들 말입니다
일 년이 가도 책다운 책 한 권 읽지 않는 놈들이죠
너무 이른 나이에 너무 좋은 머리로
책을 한꺼번에 해치워버린 놈들,
잘 아실 것입니다 시험으로 출세한 출세파들 말입니다요
그깐 좋은 머리를 일생 동안 꼿꼿이 세우고 다니죠!
머리가 비었으니 반성도 없고 동물이 갖는 욕심만 가득한 자들이죠!

그깐 머리 하나로 나라 운영한다고들 꽤나 시끄럽지 않습니까요
(물론 일부입죠만)

그래서,
제 부모만 사랑한지라
남의 늙은 부모는 안중에도 없고,
제 자식만 귀한지라
남의 귀한 자식은 여름철 쉰 밥 보듯 하고,
제 집은 대궐 같아도
그 그늘에 가린 뒷집 옆집은 누가 사는지 알 필요가 없는
제 눈깔에 제 안경에 아주 편리한 놈들,
하느님, 그놈들이 시끄럽게 떵떵거리고 살아야겠습니까?

이들이 이렇게 타락한 이유는,
일 년이 다 가도록 책 한 권 읽지 않는다는 것입니다요
아니 아예 책을 경멸해버립니다
이놈들이야말로 제일 먼저 성경책부터 읽혀야 할 놈들 아니겠습니까요?
잘 좀 부탁합니다

그 둘째는,
첫째보다는 좀 낫지만
이제, 책을 너무 많이 본 자들입니다요
경제에 관한 책만 열심히 읽는 놈들입니다
거기에만 눈과 귀가 붙어있는 자들,

주식, 부동산투기 등등 그러다 사기로 발전한 자들이죠
같은 종이를 다른 종이돈으로 뭉텅뭉텅 뭉텅이로 사고팔고요
하늘과 키재기하는 건물들은 도시를 시멘트 속에 처박고
공기의 숨통마저 조여 오는 주범들 말입니다요
제 돈 제가 알아서 쓴다는데 좋습니다만,
표 나게 설치고 다니니 혈압이 가만 있겠습니까?
이들이 가는 곳에는 돈이 줄을 선다 합니다요
그 회오리바람에 모두들 휩쓸려 다니죠!
그 바람에 인정도 인심도,
미풍양속도 다 쓸려가 버린답니다요
하느님께서도 혹, 돈을 좋아하시는지요?
미인이라면 보기라도 좋으니 좋겠으나
웬걸, 돈은 악취가 풍기실 테니
제발 돈 좀 걷어가 버리십시오, 처리 좀 해주십시오!
책을 많이 읽었으나 여전히 문맹한 그들(물론 일부이긴 합니다만)
정신 좀 차려야 하지 않겠습니까?

안부가 궁금한 하느님,
심하게, 많이만 아프지 않으시다면
머리가 좋아서 한꺼번에 책을 해치워버린 자들과
겨우 부자 되는 책이나 연구하여 거들먹거리는 개구리들
그리고 헤아릴 수 없이 많은, 그냥 나쁜 놈들,
그 종류 천태만상인 파렴치破廉恥한 자들,
(먹을 것 갖고도, 성性을 갖고도 사기치고 장난하고 빼앗고 매매하고)
그리고 선량한 약한 자를 경제파산자로 몰아넣는 인생파산자들

이루 다 헤아릴 수 없이 두루두루 얼마나 많은지요!
다 무지몽매하여 불쌍한 자들이오니 죽이지는 마시옵고,
그러나 단단히 혼 좀 내주십시오, 부탁입니다.
이제 그만 환생還生코리아를 위해서라도 말입니다요!

골치 골치 아프시겠지만,
너무 많이 아프시지만 않으시다면, 하느님, 하느님!
지금 꼭 좀 이들을 혼내주시고,
세상살이, 비가 와도 가물고 안 와도 가뭄인
이 후덥 텁텁지근한 여름에 선량한 백성들,
인생고苦, 생활고苦, 고苦고苦로 고단孤單한 이들,
고스톱 판이 아닌, 올 스톱 경제판에
그들에게는 부디 돈으로 비에 섞어 돈벼락이나 좀 뿌려주옵소서,
뿌려주옵소서!
아멘.
안녕히 계십시오, 그리고 빨리 쾌차하십시오.

P.S. 그런데 참, 하느님,
계시기는 분명 계신 거죠?
좀 편찮으시겠지만요,

오리 발 서울 착着

오리의 본 태생은
탐관貪官 오 씨氏의 가문家門인
탐관오리貪官汚吏.
본관은 철새 강綱,
기러기 목目의 오리 과科.
아직 어릴 때에는
노란 병아리 떼의
검은 오리새끼.

동기同氣들 병아리 틈새에 끼여서
사이사이에 털을 갈고, 날을 세우고
발톱을 갈아 예리한 발갈퀴,
물타기 파도타기 능숙한 물갈퀴,
변신의 변신을 거거듭듭하여
음흉한 수륙양용
작은 몬스터의 오리발 D.N.A.
그 증식과 번식의
번식과 그의 증식, 이루어졌도다
마침내 다 이루었도다!

넙죽한 포식자의 주둥이는 꽥꽥, quack quack,
날지도 못하는 날개로
아름다운 날개인 양
땅에 끌리는 배꾸리 캄푸라치하느라
꽥꽥, quack quack,

금계錦鷄도 오계烏鷄도 아닌,
탐관貪官 오 씨氏 가문家門의
탐관오리貪官汚吏들
뒤뚱뒤뚱, 똘래똘래, 부족하여
어기적어기적, 기우뚱짜우뚱
닭을 잡아 제 신방新房 차리겠다고
물로 된 물나라 만들겠다고
대운하를 파겠다 홰를 친다, 홰를 쳐댄다
꽥꽥, quack quack
전국의 탐관오리貪官汚吏 떼,
탐관貪官들아, 오리汚吏들아,
모두 모두 모여라 꽥꽥, quack quack
서울로! 서울로! 진격!
드디어 전국의 탐관오리들,
너도나도 서울 착着! 착착.
오리汚吏 발發 서울 착着,
마침내 하였도다, 이루었도다!

이순신은 물길을 잘 알아
잘 막고 잘 터서
물길로 왜구倭寇를 잡았다만
나라를 구하는 성웅聖雄이 되었다만
'물길만이 살길이다' 하지만,
탐관오리의 군단軍團들
억지의, 없는 물길을

운하運河 파서 칭칭 감고, 21세기에는
투자하여 돈을 물처럼 쓰겠다고
투기소득 돈을 물처럼 벌겠다고,

(혹세무민惑世誣民하겠다, 이거지
고작, 왜구 아닌 제 나라 달구새끼들 잡아먹겠다, 그거지
병아리 동기들의 목숨도 오리발로 해결하겠다, 이거지
그것이 탐관오리 본성에 충실한 정직성 강령이다, 시방 이거지!)

오리발로 출발하여
서울까지 도착하였으면,
그것으로 족하였으면
(비록, 참고 참아 족하진 못하지만)
좀 좋으련만, 좋으련만!
물갈퀴의 오리발은, 다섯도 못 된
네 발가락도 아닌,
세 발가락이 병신인 줄
하느님이 다 아는 세상,
그러나 오리발 수효가 너무나 많아
믿는 도끼에 발등 찍힐라
남은 발가락이나 조심할 세상.

---

* 몬스터 : 괴물 (monster), 기형(아)
* quack : 1) 꽥꽥 울다.
          2) 돌팔이 의사, 사기, 엉터리.
* 캄푸라치 : 위장(僞裝), 카무플라주(comouflage)

꼼지락병

꼼지락, 꼼지락,
살아있는 기분 참 드-럽다
딱히 죽고 싶은 것도 아니고
절절이 살고 싶은 것도 아니고
꼼지락, 꼼지락,
기분 참 드-럽다

지금이 아침나절인지, 저녁나절인지
오늘이 월요일이든가, 목요일쯤이든가
밖에는 바람이 부는가,
아니면, 비가 오는가?
꼼지락, 꼼지락,
기분 참 드-럽다

문을 열고 바깥세상을 건너다 본다
해가 지는 건지 뜨는 건지
희끄무레, 밝음인지 어둠인지
사람 같은 옷이 한 벌,
위아래 같은 색깔
몸뻬가 원피슨가
하나 힐끗, 이쪽을 보는지 마는지,
아무렴, 이런들 저런들
얼굴은 보이지 않고… 어째, 꼭 꿈속만 같다

옳지, 내가 지금 꿈속에 있나?
꿈이 내 속에 들어와 있나?
가만히 여수어 본다
꼼지락, 꼼지락,
그래, 어제 잠잔 꿈이,
꿈이란 놈이, 잠이 아직 덜 깨어서
날 살살 가지고 노나?
내 머리 꼭지에 붙어서
팽이 돌리듯 잡고 뱅뱅 돌리나?
날 살살 가지고 놀아, 꿈이?
오늘 참 기분 드-럽다

그래,
어제는 정말, 살아갈 꿈이 없었지!
꿈이 없어 과음 한잔 했지!
과음을 딱 한잔만 했는데
깊은 잠을 못 잔 거야
꿈을 꾸지 말았어야 했는데…
뒤숭숭,
이렇게 꿈에게 놀림감이 되다니…

오늘 참 기분 드-럽다
살아있는 기분 참 드-럽다.

술 파는 카페

형님, 사람이요 그게?
사람이지, 그래서 권력이 좋은 거야, 임마. 사람이 아니면 그 맛을 모르지.
두 대의 푸르스름한 담배연기가 서로 새끼를 꼬며 올라간다.

자기야, 대리운전 왔는데, 응? 응? 빨리 일어나아.
대리운전? 아, 그래 그래, 잠깐만!
아직 젊은 대리운전 아가씨와 술기 있는 아가씨의 눈길이 마주친다.

사우나도 말짱 도루묵이야, 이렇게 살이 안 빠지니 말이야!
어이구, 웬만히 먹어야지. 그런 말이 나올까?
나는 좀 빠지지 않았어, 여보?
왔다 많이 빠지셨네, 좀 보듬어줄까?
사우나탕에서 나온 두 쌍의 부부는 서로의 위아래를 눈으로 훑는다.

나 참, 더러워서. 얼굴 팔고 목소리 팔아 우리의 영웅이 되더니 금세 말을 바꿔 타자마자 생사람을 이래라 저래라 말부터 명령조니, 원 참. 그런 상놈의 족보가 어디 있겠소?
그래서 아무나 못하는 연극쟁이 배우지, 연예인 몰라? 인생은 연극이란 걸 몰라? 열 붙지 말고 술이나 마셔!
푸르스름한 담배연기는 점점 더 자욱해져 간다 그들의 속내처럼.
자기야, 빨리 일어나아. 나 먼저 간다?

아, 그래, 그래, 잠깐만! 어이, 여기 계산! 계산!
허겁지겁 세 사람이 나가고 여닫힌 문으로 담배연기도 따라
나가다 그만 꼬리가 잘린다.

근데 참, 친구 누구는 골프도 친다더라, 살도 **뺐**고 근력도 좋
아 보인다던데?
어이구 여편네, 골프가 뉘집 강아지 이름이여? 짱뚱이가 뛰니
까 뭐도 뛴다고!
두 남자는 두 여자를 잡아먹을 듯이 위아래 구분이 없는 몸을
또 훑어본다.

첫 번째 테이블은 푸른 연기를 뿜고 마시며 열성분자가 더욱
열을 올리고,
사우나 테이블은 남자 편과 여자 편으로 갈려 새로운 토론국
면에 돌입하고,
대리운전 아가씨와 함께 나간 데이트족 자리에는 혼자 온 새
로운 주객이
고개를 꺾은 채 깊은 바닷물에라도 빠질 듯, 한 잔의 술 속을
들여다보고 있다.

술 파는 카페의 밤은 점점 담배연기로 자욱해져가고, 또 남녀
의 열띤 토론 속으로 빠져들어 갔다. 출입구 쪽에는 갇혀버린
담배연기가 답답한 실내를 벗어나고자 안간힘을 쓰며 맴을 돌
고 있다.

제7부 이 땅에 씨 뿌리듯
-〈토지〉속으로

내 어머니처럼
업고 꼭,
그렇게 갈란다…

아홉 하늘을 떠도는 구천이* (※시조)

하늘을 가려 쓰고 삿갓 쓴 저 나그네
좋아서 헤매는가 싫어서 떠도는가
임 가고 버려진 세상 헤매든 떠돌든.

쫓겨도 살아서는 둘이서 행복하고
거리에 나앉아도 서로가 집이더니
가는 곳 내 집이어도 그곳마다 감옥일 줄.

가거라 춘하추동 오너라 백발이여
임 없이 맞는 세월 가거나 오거나
이 한 몸 부대끼다 간 후에 저승에서 얼굴 보리.

---

* 구천이 : 동학 접주 김개주의 아들로 별당아씨를 훔쳐 달아남. 본명은 김환.

서희* 아씨

귀밑머리 여린
새하얀 살빛 위로
파르르 정맥이 돋고,
다문 입, 그린 듯
뜨거운 숨결을 고르는가
두 눈에 비밀의 바다가 출렁이고
달빛 받은 이마가 한결 차다.

불운한 세기의 반항아를 아버지로
그늘에서 숨진 불행한 여인을 어머니로
절손絶孫한 무남독녀,
세상을 모르는 소녀는
쇠락衰落하는 가문의 마지막 여인으로
스스로 잡풀처럼 꼿꼿하고
스스로 잡목처럼 억세구나.

벽에 걸린 조상의 유령들과
추억 같은 어미의 얼굴을 마주보며
고아의 양분養分으로 자라서
드센 세파에서 맞서고
한사코 창끝에서 찔리며
언제고 새로운 아픔 찾아가는
차고도 더운 의지意志의 여인,

소녀 적 꿈을 잃고
여인의 꿈도 접고
먼 훗날에 노래하려니,
삶은 운명이 아니라고
비록 운명적인 삶이었다 하더라도

---

* 〈토지〉의 중심인물. 아버지 최치수가 상처하고 두 번째 얻은 아내 별
당 아씨와의 사이에서 태어난 외동딸. 명석하고, 대범하며 굳은 의지
와 불같은 성정에 꺾을 수 없는 고집의 소유자.

길상이*

길상아! 길상아!
서희가 부르는 소리,
바람이 불면
풀이 눕듯이,
길상은 달려가네

산중山中 절에서 보내진
중 아닌 상전上典의 종으로 맺어져
업어주고, 놀아주고,
정성精誠으로 위했으며,
눈도 마음도 함께 자라서
부부의 연을 맺었네

길상은,
길吉하고 상서祥瑞로우나
천성이 온후하고 고독하고
때로는 슬픔이 감도는 불심佛心,
만주벌판, 삭풍에 몸이 찔리는
어진 마음은
따뜻한 음식이 사치스럽고
빼앗긴 조국은
입는 옷조차 부끄러웠네

길상아! 길상아!
동포가 부르는 소리,
마침내 조국이 부르는 소리,
옷이 비에 젖듯이
길상은 달려가네

서희를 섬기다 사랑하고,
이웃과 조국을 섬기다 사랑하고,
오늘도 어디서 부르는 소리
길상아! 길상아!

---

* 김길상 : 고아 출신의 머슴으로 상전 아가씨인 서희의 남편이 되고, 독립군으로 활동. 훤한 인물에 듬직하고 과묵한 성격이나, 마음은 섬세하고 따뜻한 사나이. 많은 사람들에게 신망이 두터움.

용이* 아제

이름이 한 자, 외자인
외로운 용이
길도 한 길만을 가는
외골수의 장정
두상이 크고 발자욱이 무거운,
기골이 장대한 장사 중에 장사
아름드리 산판 벌목일도 거뜬하고
용모까지 수려한데
때로 고개 든 두 눈에 불을 켜는
의절儀節의 사나이,
용龍의 용자가 걸맞은 그 이름.

아비가 준 상사람의 피보다는
하늘이 준 인간의 품성을 받들고 사는
소박한 농부,
흙에 발을 묻고 쟁기를 몰아야 밥맛이 도는
인자한 아제,
상전인, 세기의 불운아요 기인奇人인
괴팍한 최치수도 다정히 대하는
유일한 어릴 적 죽마고우,
거짓 낚시꾼 시늉한 세월 낚는 정말 낚시꾼
곰보 목수, 윤보와 뜻이 맞았던
용龍용자의 그 이름, 외자 이용李龍
전라도 주걱턱 주갑이의 익살이 그립네.

우직한 만큼 듬직한 용이
큰 가슴도 허무는 사나이의 정情,
그것 하나 인생의 아킬레스건이었구나!
한 여인의 일생을 끝내 놓지 못하고 늙어버린
한번 사랑은 백발로도 어쩌지 못한
순수한 용이, 용이 아제
지금은 병고病苦에 몸이 기울었네.

---

* 이용 : 평사리에서 가장 풍신 좋고 인물 좋은 농부. 무당 딸인 월선과
의 첫사랑을 평생 간직한다. 강청댁, 임이네, 월선네와의 사이에서 갈
등한다.

곰보 윤보[*]

윤보는 곰보
기술 좋은 곰보목수
노총각 곰보딱지,
여섯 달은 섬진강 낚시질
여섯 달은 떠돌이 목수질
사이사이 틈틈이 동학東學도 하고
살기는 강변 가까이
울타리도 없는 집에 살아서
사시사철 마음에도 울타리 두지 않아
뜬 구름도 허허 웃고 들고나는,
눈 부릅뜨면 무섭고
웃으면 편안한
기운이 장사 목수장이, 곰보딱지.

천지간에 혈육 하나 없는
노총각 곰보 윤보,
강산이 제 집안이고
산천이 제 처자라
인심을 사랑하고
천심을 받드는
곰보딱지, 곰보목수 윤보는
어쭙잖은 양반은 혼내주고
천방지축 젊은 놈은 훈계하고
한가할 땐 강가에 낚싯대를 던지네.
세상은 물과 뭍, 간단한 이치라며

뭍에는 인간사, 물에는 물고기라
경계를 아는 듯 모르는 체, 곰보 윤보
태공의 묘수를 두며 사네.

아, 지금도 섬진강 가에 가면
곰보는 아니지만,
윤보를 볼 수 있네
때가 되면 재빨리 낚싯대를 걷어 올리듯
때가 되면 곧바로 동학東學의 기치를 들어올리는,
어부 아닌 윤보,
우리도 때로는 윤보.

---

* 윤보: 곧고 직설적인 성격. 혈혈단신, 낚시질과 목수일로 방랑하며 자유롭게 살아간다. 사리분별이 정확하고 사람을 사랑함. 한때 동학활동에 참가함.

전라도* 주갑이

긴 얼굴에 주걱턱
키는 장대
힘은 장사라도
인정 하나에 허물어지고
불의不義 한마디에 목숨도 내던지는
전라도 땅 주갑이는,
주걱 같은, 주걱턱에
배부르면 천사 같고
누우면 황소 같고
술 걸치면 설음도 달아나네.

두 눈엔
기쁨, 슬픔 묻어놓고
입으로 풀어내는 익살은
세상을 이기는 지혜
한쪽 손에 잡은 설음
나라 없는 비애요
다른 손에 잡은 설음
목숨을 연명하는 슬픔,
나머지야 다 놓아버리고 사는
전라도 땅 주갑이
만주 땅을 유랑하네.

나라 없는 설음 앞에
국문 겨우 깨우쳤어도

서양지식 내려보며
국토에 흐르는 강을 따라
강에 비치는 사계절을 배웠고
국토에 뻗친 산맥 따라
그에 얽혀 어진 사랑 배웠으니
우리 사람, 내 사랑 만나면 어디든
동가식서가숙(東家食西家宿), 훌훌 털고 일어서는
전라도 땅 주갑이.

평안한 땅 배부른 세상에,
그립구나 전라도 땅 주갑이.

---

* 주갑이 : 성도 밝혀지지 않은 전라도 출신의 떠돌이. 익살과 목청 좋은 노래로 시름을 달래며 유랑하는 정 많은 사내.

송영광*

고뇌하는 인간은, 말 대신
아름다운 악기로
슬픈 연주를 한다

이름처럼,
역사는 그렇게 영광스럽지 못하였고
희극적일 뿐,
가족은 흩어지고
조국은 떠났으며
밤이면 말없이 색소폰을 불었다

나라 없는 망국의 슬픔이여,
강에서 산으로
또 산에서 강으로 쫓겨 가는
푸줏간의 기나긴 백정의 역사여,
'나의 어머니는 백정의 딸이었다!'
송화 강에 떨어진 눈물이여,
황사에 쓸려간 울분이여!

풀을 기르는 농부처럼
고기를 낚는 어부처럼
얼굴에 흉터를 받고
다리에는 불구를 달고 다녀야 했던
무명 거리의 악사樂士

북만주 벌판, 어디쯤
그는 걸어가고 있을까
고개를 반으로 접고
무거운 땅을 한 발로 끌며
반쪽, 기울어진 한반도처럼!

---

* 송영광 : 동학 잔당의 중심인물인 송관수의 아들. 신분을 비관하고 아
버지와의 갈등으로 방황하는 청년.

유인실*

적을 사랑한 여자,
적이 사랑한 여자,
사랑보다는
조국을 더 사랑한 여자.

누가 여자라 했는가,
연약한 여인이라 했는가,
현해탄 바다를 가르며
밤새워 눈물을 비워내는
유인실,
여자를 포기한 여자

나 하나의 사랑보다는
조국이 아직, 있기에
피와 살로 짜여진
오천 년 유구한 역사의
삼천만 선조의 터전이 있기에
대리석 같은 이지理智로
용광로 같은 뜨거움으로
사는 여자,

적이 사랑한 여자,
적을 사랑할 수 없는 여자,
사랑과 조국 사이
하늘도 울고 나면
아름다운 무지개로 떴다.

---

* 유인실 : 일본인 오가다와의 진정한 사랑을, 사랑하면서도 끝내 거부
  한 애국처녀.

홍이*와 두메*

저녁노을이 시드는 해란 강변에 별이 돋기 시작한다.
저 별들도 엄마가 있을까?
시무룩해진 소년은 앉아 베어 물던 호떡을 멈춘다.
「………… 형」
「………… 왜?」
「울엄마 죽을 거래.」
「……………?」
「못 낫는 병이래!」
「……………」

베어 무는 호떡 위로 갑자기 눈물이 후두둑 떨어지면서
눈물과 함께 호떡 덩어리를 꿀꺽 삼킨다
'나는 그런 어머니도 없다. 아버지도 없다. 나는 저 흘러가는 강이다'
큰 소년의 눈에도 눈물이 고이고 별빛이 흐려지면서,
「그래도 넌, 넌 친어머니가 또 있잖아!」
「그러니까… 그러니까 더 죽고 싶단 말야! 흑… 흑…」

멀리 떨어져 사는 친어머니와 길러준 이 어머니가 왜 바뀌었을까!
왜 친엄마는 여기 엄마와 나를 미워할까?
먹던 호떡을 버리고 두 무릎에 고개를 묻고 흐느낀다 가슴이 파도친다
등이 작은 활처럼 휘어진다.
「울엄마 죽으면 나, 친엄마 용서 못해!」
「임마, 그건 너 옹졸한 생각이야. 너 친엄마가 죽인 것도 아니고 병이 난 건데!」

「그걸 누가 몰라? 모르냐고? 친엄마가 정말 날 낳았는지 그것도 모른단 말야, 몰라!」

갑자기 발끈! 쳐든 얼굴에는 눈물이 콧물 따라 강이 되어 흐른다
더 밝아진 별들, 더 많아진 별들이 은하수를 이루고 등 뒤에는 달이 꽃처럼 피는데,
두 소년은 달도, 별도 엄마의 고무신 한 짝만 못하다는 생각을 하고 또 한다.
「불쌍한 울엄마, 옴마-아-」
「제길! 혼자서 실컷 울어! 나 갈 테니까.」

큰 소년은 머리로 하늘을 받을 듯, 벌떡 일어나더니 모래밭을 헤집듯 서성일 뿐,
돌아가지 못한다. 달은 바로 머리 위에 더 크게 피어 있다.
「…… 형!」
「…… 실컷 울어!」
「그만 가아 —」
어둠을 향해 두 개의 힘찬 돌팔매가 날아간다.
조금 떨어진 모래밭 위에는 한입 베어 물다 버려둔 호떡이,
달빛에 어금니까지 드러낸 채
이를 꽉! 물고 울음을 참고 있다

---

* 홍이 : 용이와 임이네 사이에서 낳은 아들. 악독한 어머니와는 달리 아버지를 닮음. 정성으로 길러 주는 월선네를 친어머니처럼 따르며 아버지를 이해하고 사랑함.
* 두메 : 사형수 귀녀가 옥에서 낳은 고아로, 헌신적인 강포수의 손에 길러지다 다시 남에게 맡겨짐.

몽치*

어린 몽치는,
몽니가 뭉쳤음인가
길에서 아비를 잃고
무섭고도 따뜻한 스님 손에
산에서 길러졌네

사계절 바람소리 몸으로 듣고
홀로 된 달그림자 발로 밟으며
생이별한, 정 깊은 누부* 얼굴,
서산 해에 걸릴 때면
눈물을 뭉텅이로 걷어냈네.

절밥 먹은 몽치,
산에서 내려올 때
몸집이 큰 산만 하고
손이 솥뚜껑보다 크다
수줍음은 산 그림자 같아도
의기義氣는 산짐승을 닮아
인간사 떼는 걸음, 불안 불안하구나!

언문은 겨우 떼었어도
그 안에 선지식善知識이 들어있고
깊은 학문 없어도
세상을 살아가는 방도를,
강산을 달리고 산천을 익혀온
불같은 두 눈에 담고 있네.

몽니 뭉친 몽치는, 큰 몽니로
잠깐 세상에 한 발만 담갔다가
저 넓은 바다에서 승천하려 하네.

---

* 누부 : 누이나 누나를 뜻하는 경상도 방언
* 몽치 : 본명은 나타나지 않고, 가난에 떠돌다가 고아로 절에 맡겨짐.

이 땅에 씨 뿌리듯

이 땅에 씨 뿌리듯
눈물 뿌리고 살란다
이 땅에 해 지도록
보리 심고 풀 뽑고
늦은 밤, 달 기울도록
수수 알, 조 알 세이면서
역사 속에 가난 뿌리고 살란다

이 땅의 눈물 받아
열매 맺고 살란다
대대로 손 잡고 흘린 눈물
잡풀 같은 풀심으로 살아갈란다
억새처럼 뻗어갈란다
떨어져 흘린, 더운 피 마시며
탱탱한 보리알로 영글어 갈란다

어머니처럼 누운 땅,
이 땅은 나를 기억하여
외로운 밤길에 별을 내어주고
산과 들에 구름과 하늘과 바람을,
이 나라를 기억하여서
피 흘린 사람들과 명예를 내어주지 않았느냐?
사랑보다 더한 사랑으로 누워 있지 않느냐?
이 아픈 강산에서 우리는 다시 영글고
가난한 살림을 다시 시작해야 하지 않느냐?

그래, 갈 때는 꼭 그렇게 갈란다
나 하나쯤,
부자가 못 되고 가난하게 살다가
가난하지 못한 세상 떠날 때
땅을 등에 업고 하늘은 보듬고,
내 어머니처럼 업고 꼭, 그렇게 갈란다
이 땅을 놓치지 않고, 어금니에 꼭 물고.

| 跋文 |

박원영의 시의 세계
― 자아탐구의 미적 진지성과 장시의 가능성

문병란(시인·前 조선대학교 교수)

1) 현대시 창작의 열쇠

박원영 시인은 대학에서 영문학을 전공하고 교단에서 영어를 가르쳐온 교사였다. 일찍이 영문학사에 화려한 문명文名을 날린 스펜서[1]나 엘리어트[2]의 난해한 주지시 언저리를 맴돌면서 시의 냄새를 알아차린 모더니스트적 풍모를 가지고 있다.

고교생들에게 영어 단어의 스펠링을 꼬박꼬박 익히게 하고 까다로운 영문법을 설명하던 직업으로서의 영어교사 경험을 접고, 그 위에 새로이 세종대왕의 어제훈민정음御製訓民正音 한

---

[1] E.Spenser(1552~1599) : 시인 중의 시인(poet's poet)이라 하여 그의 sonnet나 Spenser stanza는 유명하였다.
H.Spenser(1820~1903) : 철학자로서 진화론에 입각하여 문학의 원리를 설명한 것으로 유명하다. 훗날 영문학에 큰 영향을 끼친 두 명의 Spenser이다.
[2] T.S. Eliot(1888~1965) : 미국에서 태어나 영국으로 귀화한 모더니즘 시인. 〈프루프록크의 연가〉를 발표하면서 시작활동을 시작. 고전주의에 바탕을 둔 모더니스트. 〈황무지〉는 그의 대표작으로 E. Pound의 지도를 받기도 했다. 어떤 의미에서 주지적 난해시가 등장한 단초가 되는 시인이기도 함.

글 연구와, 전남대·조선대 문예창작반과 서은문학연구소 회원이 되면서 모국어에 눈을 뜨기 시작하였다. 그렇게 멀게만 느껴지던 셰익스피어의 극시, 낯설게 암암이 맴돌던 스펜서의 압운이나 엘리어트의 난해한 메타포가 이젠 한글 사랑 속에 와서 자아탐구의 미적 진지성과[3] 모국어의 자긍심으로 쏠쏠한 창작의 재미를 만끽하고 있는 듯이 보인다.

2008년 ≪문학예술≫ 봄호(통권 제24호)에 〈삶〉〈그리움〉〈파리바게트의 유혹〉 3편으로 등단했을 때 이미 한 권 분량의 많은 자작시가 쌓여 있었다. 그리고도 평생교육원과 심화반에서 꾸준히 창작의 이론과 실제에 골몰, 시적詩的 완숙도를 높이는 데 진력하였다. 그 결과 100여 편의 작품을 추리게 되었고 필자와의 만학晩學의 선연善緣에 따라 발문跋文으로써 우정을 답하게 되었다.

등단 당시 「삶과 인생에 대한 관조와 풍자」라는 제목으로 된 짤막한 심사평에서[4] 그의 시적 특징을, 영문학에 바탕을 둔 모더니스트로서의 주지성과 호흡이 긴 장시長詩적 가능성을 지적하였고, 자아탐구의 미적 진지성과 사물에 대한 풍자의 즐거움, 한글 연구사 수료증을[5] 획득한 모국어 사랑의 남다른 열정 등을 거론하였다.

시詩가 무엇인가. 혼돈의 시대, 길을 찾는 진리의 등불이 되

---

[3] Kant는 유희본능설을 주장하기도 하였으며 예술이나 문학의 미감(美感)을 무관심의 기쁨(disinterested delight)이라 하였고 미적 진지(美的眞摯性;aesthetic seriousness)이라 하였다.
[4] 이 발문의 부제를 문학예술 등단 시 심사평에서 가져다 붙였다. 영문학과를 나와 직업으로서 영어교사를 지내며 그 문학의 끈을 놓지 않은 것은 석학 T.S. Eliot가 고교교사, 은행원 등을 지내며 시인이 된 것과 별 차이가 없다. 출발은 영어교사이나 인생의 끝은 시인으로 꽃을 피운 것이다
[5] 그는 영어교사였으나 한국어교사 과정을 수료하고, 우리말 우리글자의 뛰어남에 자부심을 갖고 있으며 그것이 바탕이 되어 그의 시적 골격이 이루어지고 있다. 영어를 배웠으나 '노랑물'이 들지 않음은 그의 뛰어난 장점이라 생각한다.

고 배고픈 시대, 굶주림을 채우는 양식이 될 수 있는가. 새삼 시의 기능에 대하여, 시인의 역할에 대하여, 그 존재의 당위성을 생각지 않을 수 없다. 2004년 전 동양의 스승 공자는 「詩三百에 思無邪요, 좋은 시는 樂而不淫하고 哀而不傷해야 한다」[6]고 주장하였고, 아리스토텔레스는 그의 저서 ≪시학(poetica)≫에서 모방론과 정화론[7]을 통해서 문학의 기능과 효용성을 주장하기도 하였다. 이러한 아리스토텔레스의 시론詩論은 르네상스시대에 재등장, 자아발견과 함께 인간탐구의 위대한 문학유산을 고전으로 남겼고, 20세기에 이르러 그 바탕 위에 낭만주의, 상징주의, 사실주의, 자연주의를 거쳐 지금은 모더니즘, 포스트모더니즘, 그리고 21세기 반시적反詩的 해체문학을 거론하는 시기에 이르렀다. 그러나 문학은 인간탐구의 예술이기에 돌고 도는 것, 유행과 사조에 관계없이 시는 시 이외에 아무것도 아니다. 고전적 모더니즘의 전통적 면모는 역시 엘리어트나 그 추종자들이 만들어 놓은 현대시의 범주인, "시는 본질적으로 아름답고 그 속성에서 진실하다."[8]는 잠정적 결론을 뛰어넘지는 못한다. 수많은 시적 정의를 가장 포괄적으로 명료하게 정의하고 있다. 본질과 속성, 그에 대입시키고 있는 아름다움과 진실, 이는 현대시 창작의 열쇠임에 틀림없다.

---

6) 공자는 논어에서 (제자를 가르칠 때) 시를 군자의 필수적 덕목으로 강조(이는 공리주의적 시관이다.)하였고, 특히 ≪詩經≫의 〈관저(關雎)〉라는 시를 칭찬, 즐겁되 음란하지 않고 슬프되 감상적이지 않으니 좋은 시라 하였다. 현대에도 이러한 기준은 좋은 시의 기준이 된다고 하겠다.
7) Aristoteles는 그의 저서 ≪시학(詩學)〈Poetica〉≫에서 문학의 기능과 발생에 대하여 모방본능설과 정화론(淨化論)〈Catharsis〉를 주장하였다. 비극은 인간의 감정을 공포와 연민으로부터 카타르시스에 이르게 한다고 했다. 공포(horror)와 연민(pity)은 중요한 정서의 한가지다.
8) 미국의 현대비평가 르네옐렉은 그의 저서 〈문학이론〉에서 시를 정의하여 본질적으로 아름답고 그 속성에서 진실하다고 정의했다. 시에서 아름다움과 진실은 빼놓을 수 없는 두 가지의 중요 요소이다.

2) 순수를 지향하는 승화된 서정주의

인간탐구가 문학의[9] 본령이라면 사랑은 인간에 있어 가장 중요한 인생의 범주가 된다. 시에 있어서도 사랑(love)이라는 정서는 으뜸에 놓일 것이다. 그 중에서도 남녀의 연정이나 성애의 문제는 가장 매력이 있는 시적 정서에 해당한다.

아름다움이 본질이지만 그것이 진실을 바탕으로 해야 된다는 것, 그 양자 중 어느 한쪽만 있어도 시는 성립되지만 그것이 융합되어 균형 잡기가 이루어진다면 이른바 명시의 조건이 갖춰진 셈이다.

이상과 같은 견해를 바탕으로 금번 펴내는 박원영의 시집 중 몇 편의 대표작을 택하여 감상비평을 발문으로 달아 저자와 독자 사이의 교량역할을 하고자 한다.

    A) 너는 차라리 별이 되어라
       바라만 볼 수 있는 별이 되어라
       네 곁에는 내가 없고
       내 곁에도 네가 없다면
       내 머리 위에서 빛나는 별이 되어라
       되어서 나를 그리워해다오
       내가 너를 그리워하는 것처럼,
       나의 싸늘한 정열이여!

       너는 나를 얼마나 불타게 하는가
       그러나 너의 불타는 눈동자
       네 차가운 입술에 갇히어 있다

---

9) 흔히 근대문학의 자각시기를 Renaissance(문예부흥) 때부터라 하는데, 단테-셰익스피어-밀턴-괴테로 이어지면서 인간탐구는 지금까지도 문학의 핵심이다. 그 인간탐구는 톨스토이, 도스토옙스키 사르트르, 카뮈, 조정래에 이르기까지 한결 같은 주제이다.

　　　　네 떨리는 손과 발에 묶이어 있다
　　　　차라리, 차라리 돌아선 채로
　　　　나의 영원한 별이 되어다오.
　　　　　　　　　　　　－〈그리움〉의 1, 2연

　　B) 사랑은 서툴어
　　　　사랑하지만
　　　　사랑은 수줍어
　　　　가만히 이대로 사랑하고 싶은데
　　　　사랑은 너무 서툴어
　　　　사랑하는 사람은 그래도 알 텐데

　　　　사랑은 못해도 괜찮아
　　　　사랑하기만 한다면
　　　　사랑은 알 텐데
　　　　아무도 몰래 사랑하고 싶은데
　　　　사랑은 너무 어려워
　　　　가만히 이대로 사랑하면 될 텐데
　　　　　　　　　　　　－〈사랑은 서툴어 1,2 연〉

　　C) 홍차 한 잔보다는 조금 많고
　　　　머그 한 잔보다는 더 가벼운
　　　　모닝커피 한 잔을
　　　　나는 그대라 부릅니다
　　　　…… 중략 ……

　　　　지금은,
　　　　다과상 앞에 둔 거실에서나
　　　　게으른 식사 후 식탁에서보다
　　　　조용히,
　　　　낙엽 쌓인 숲 속을 지나듯
　　　　홀로 찾는 나의 서재 안에서

나는, 그대를 가만히 만나봅니다
함께 웃으며 조금씩 늙어 가는,

'내 향기가 어때요, 너무 강하진 않나요?'
'아니, 은은해서 좋아요. 색상도 고운데!'
　　　　　　　　　－〈모닝커피 한잔 1, 4, 5연〉

 사랑을 직접, 간접 소재로 한 그의 시 3편을 예시하였다. 우선 사물을 대하는 시작詩作 태도는 일정한 거리를 유지하는 관조적10) 입장이며 매우 진지하고 정갈하다. 그리움, 연모戀慕의 고유어로서 매우 살가운 뉘앙스를 풍기는 단어이다. 시詩에선 수없이 써먹어 낡았으면서도 얼마든지 재탕, 삼탕이 가능한 아취가 풍기는 낱말이다. 첫 행 도입부에서 단도직입적으로 너는 차라리 별이 되라고 명령법으로 직핍하였다.
 그리움을 별이라는 가장 먼 사물로 치환시켰다는 것은 그의 그리움의 대상이 무엇이며 어떠한 상태의 것인가 짐작케 한다. 만약 그의 대상이 사람이라면 가위 형이상학적으로 승화시켜 만질 수도, 사랑할 수도 없는, 그저 바라만 보는 먼 피안의 대상으로 상정하고 있다. 연모라면 섹스가 거세된 영적靈的인 것이며 관념화되어 성애적 요소11)가 없는 셈이다. 관조적이고 미적 진지성을 지녀 승화된 영혼의 사랑 그것이지 현실적 성애적 소산은 아니다. 그러면서도 '너는 나를 얼마나 불타게 하는가.'고 절규하고 있다. 그것은 그리움의 대상, 연모

---

10) 관조(觀照) (contemplation) : 관조란 사물을 일정한 거리에 두고 선입관이나 주관을 배제하고 있는 그대로 객관적으로 냉정히 보는 태도로서 장차 무아(無我)에 동화되어 망아(忘我)의 경지까지 이르는 것이다. 잡된 생각이 없이 순수하게 여과시키고 침전시키는 경지이다.
11) 플라톤이 sex적 연정을 배제하고 이념애(理念愛)를 주장했는데, 그것을 platonic love라 한다. 성애는 남녀의 성적 충동과 교감(交感)을 담은 Eroticism이나 sensualism, 일종의 육욕주의, 색정주의인바, 도덕적인 작가나 철학자는 금기시하거나 불순시한다.

의 대상에서 성애적 열정을 거세하고 있기 때문이다. 이러한 그의 애정관은 예시 B) 〈사랑은 서툴어〉에서도 일관되게 나타난다. 굳이 '서툴어'라는 말을 쓰고 있지만 다분히 자신의 순결성을 담보한 패러독스로서 플라토닉 러브이거나 성애가 제거되어 승화된 사랑이다. '아무도 몰래 사랑하고 싶은데' 이것은 짝사랑이기보다 그의 관념화된 영적靈的인 사랑을 의미하는 것 같다. 성애性愛를 제거함은 도덕적 결백증보다는 승화된 영적인 사랑의 관조에서 연유된 것 같다.12) 굳이 서툴다, 수줍다 이 두 낱말 속에 어렴풋이 숨겨두려는 그의 사랑은 세속적, 애욕적 연정과 차별성을 두고 있다. 그의 사랑을 '눈물의 향기'나 '향기만으로 된 꽃'이라고 은유로 나타내고 있듯이 sex를 거세시킨 승화된 사랑, 플라토닉 러브 같은 '이념애'임을 알 수 있다.

연인戀人을 간접적으로 접목시켜 '모닝커피'를 '그대'라고 의인화시킨 C) 〈모닝커피 한잔〉에서는 '함께 웃으며 조금씩 늙어가는' 조강지처를 암시하듯 은은한 애처가의 아내 사랑을 관조觀照하고 있다. 식전에 드는 모닝커피, 머그잔에 담긴 청량음료 같은 노년기의 아내 사랑이 향기를 뿜는다.

현대인에게 있어 sex가 거세된 사랑이란 일견 무의미하게 느껴지면서도 그의 서정시가 담보하고 있는 연정戀情은 향 맑게 침전된 관조적 대상이며, 그가 미적美的 진지성에 의해 차원을 높이고 있음을 알 수 있다. 〈고백〉에서도 "꿈속에서/ 사랑한다 말하여도/ 혀는 돌지 않아/ 사랑은 목에서 터집니다// 꿈 깨어 당신을 보아도/ 당신은 여전히 꿈처럼 있고/ 사랑은 목에 걸려 허우적입니다/ 나는 꿈을 꾸고 당신은 떠나갑니다"

---

12) 박원영은 그의 연시(戀詩)에서 순수성을 강조한 lyricism 수법으로 성적요소를 부정한 것이지, 육욕을 금기시하는 도덕주의적 입장은 아니다. 남녀의 연애와는 다른, 종교적 영적인 애정인 Agape적인 것으로 eros적인 것과 대칭된다.

이 시에서도 그의 사랑은 관념화되어 육체가 거세되고 없다. 낭만적이기보다 관념화된 '이념애', 플라토닉 러브로 보는 것이 옳을 것이다.

〈꼬마와 나비〉에서도 그는 세상에서 가장 순수한 두 가지 사물 속에 자신의 이념애, 순수한 사랑의 감정을 담고 있다. 그 시에서 꼬마는 자신이고 나비는 자신이 추구하는 미적인 대상인 것이다.13) 앞으로 이 플라토닉 러브, 섹스가 거세된 그의 연시戀詩를 관심 있게 두고 볼 필요가 있다.

"난蘭, 고고히/ 천년을 사귀는/ 정숙한 여인아/ 그대는,/ 앉아서 보이는 천상의 꽃/ 하늘의 향기"이 시에서도 여인으로 치환된 난초는 바라만 보고 향기만 맡아보는 역시 섹스가 거세된 이념애의 대상이다. 이처럼 정갈하고 아름다운 승화된 사랑이지만 현대인들의 애정관이나 에로티시즘의 입장에서 볼 때 일견 싱겁게 되거나 전율의 미감, sensualism14)의 압도적인 공감을 이겨낼지는 의문스럽다.

"낚시터에 가면/ 숲이 먼저 옵니다/ 안개가 물 위에 서고/ 바람이 달려옵니다// ………… 중략 ………… 낚시터 호숫가에 앉으면/ 그리움이 먼저 와 있습니다/ 친구의 웃는 얼굴도/ 헤어져 슬픈 얼굴도/ 어쩌면 이웃의 다정한 얼굴도/ 알고 먼저 와 있습니다/ 하루 종일 그리움의 얼굴들을 들여다 봅니다"에 나타난 범애주의적 인간애나 사물을 관조하는 Lyricism15)

---

13) 워즈워드가 수선화나 자연 속에 그 열정을 투사하는 것은 그것을 sex의 대상으로 삼고 있다고 프로이드는 그 정신분석학적 예술론에서 주장한다. 섹스의 충족은 반드시 여성을 통해서만 가능한 것은 아니다. 자기애, 자연애, 동성애, 무릇 성의 대상은 많다.
14) Sensualism : 쾌락주의, 육욕주의, 색정주의의 뜻으로 '육욕'에다 사랑의 의미를 두려는 입장. 19세기 데카당 문학에서 강조되었고 현대는 Eroticism이라 하여 예술상 중요한 제재로 다루고 있다. 그러나 저급한 성소설이나 포르노그래피 유(類)에 대하여서는 지금도 금기시된다.
15) Lyricism은 서정주의인데 유미적(唯美的)인 순수시를 일컫는다. 언어의 아름다움이나 청징한 정서, 순수성을 탐구할 때 쓰는 말이다.

은 그의 서정적 특징으로 나타나고 있다.

퇴폐주의까지도 이 시대의 미학으로 간주되는 현실 속에서 그의 시적 미관은 공자의 사무사思無邪나 아리스토텔레스의 정화론淨化論으로서 순수를 지향하는 승화된 서정주의임을 알 수 있다.

3) 장시에서 작은 서사시를 시험하고 있다.

그의 시는 호흡이 길다. 3연 이내는 거의 없다. 사랑이나 자연관조 단상을 노래할 때도 4~7연을 견지한다.

노래(song)에서 시작된 Lylic은 칸초네, 샹송, 리트 모두 2~3분 안에 노래할 수 있는 것이다. 일본의 하이쿠는 2행, 우리나라의 시조는 3행, 영문학의 소네트는 14행, 한시의 절구는 4행, 율시는 8행, 그래서 서정시를 단가短歌라 한다. 고래로 명시는 4연에 많다고 하고, 짧게 못 쓰니까 길게 쓴다고도 한다. 그러나 극시나 서사시는 몇 만 줄도 있고, 부(賦, ode)16)나 사辭, 판소리劇는 끝이 없다.

우리나라 가사도 길다. 길게 못 쓰니까 짧게 쓴다고 해도 사정은 마찬가지다. 현대시 특히 서구의 시는 동양의 시보다 길다. 짧은 시와 긴 시의 장단점은 각각 다른 것이다.

문학사에 남은 장시를 살펴볼 때 특히 T.S. 엘리엇의 〈황무지〉, 김기림의 〈바다의 기상도〉, 김지하의 담시, 임화의 〈우리 오빠와 질화로〉 등 그 의욕 중천하는 문제작, 화제작들은 얼마든지 있다. 박원영의 〈코리아〉〈한글〉〈무등산부〉〈바다

Aestheticism(유미주의)도 같은 입장으로 김영랑의 순수시 운동도 같은 맥락에서 볼 수 있다.

16) 한시의 부賦는 사辭와 같이 긴 시(직서된 낭송시)를 일컫고, 영시에선 장중하고 고아古雅(高雅)인 송시訟詩를 일컫는다. 셸리의 서풍부(Ode to the west wind), 키츠의 야앵부(To a Nighingale) 등은 장엄미의 송가이다.

의 해초〉〈대한조선〉 5편은 의욕과 함께 그의 역량을 엿볼 수 있고 장차 서사시나 담시17)로 발전할 어떤 가능성을 담보하고 있다 하겠다.

본래 서구시는 긴 편이고 동양의 시는 짧은 편이나 한시의 경우는 절구에 한한 경우이다. 본래 단가였던 우리나라의 시조18)는 가창에서 비롯된 것인데, 깊은 뜻을 넣기보다 즉흥적인 감흥을 읊던 것으로 술상머리 기녀의 염정가나 권주가로서 오히려 적격이었다. 이에 박원영 시인은 장시(長詩)에서 작은 서사시를 시험하고 있다. 그 가능성을 가늠하기 위하여 아래에서 그 면모를 살펴보자.

   A) 고구려의 반과 백제의 반이 나뉘고
      작은 신라에 합하여
      하나의 커다란 신라를 만들고
      마침내 역사의 강은 굽이쳐
      고려(코리아)를 이루었다가
      조선에 이르러, 또 강은 크게 굽이쳤으니
      급기야 바다 건너 해양족들의 사냥터가 되고
      이제는 굴욕의 대한제국, 남의 옷을 입게 되었다.
                             〈코리아〉

   B) 양순으로 코를 울리는 '미음(ㅁ)'
      치조에서 코를 울리는 '니은(ㄴ)'과 흐르는 '리을(ㄹ)'

---

17) 서사시는 Epic이라 하며 서정시와 달리 객관적 story를 가진 과거완료 3인칭의 인물과 배경이 나오는 장시長詩이다. 담시譚詩도 이야기시라는 뜻으로 중편 정도의 이야기 시이다. 서구에선 중세에 Romance라 하여 짧은 이야기 식 시가 있었다. 훗날 소설로 발전했다.
18) 시조時調란 명칭은 시절가조란 시조창 노래에서 연유된 것 같으며 고려말 단심가丹心歌(포은)나 하여가(何如歌)(이방원), 다정가(이조년), 회고가(길재), 백발가(우탁) 등에서 시작된 3장(章)6구(句)의 단가를 말한다. 나중에 연시조, 사설시조, 엇시조 등이 파생되었다. 청구영언, 해동가요, 가곡원류, 시조유취 등 시조집이 전한다.

마찰시키는 것은 '시옷(ㅅ)' '쌍시옷(ㅆ)'이지만
'시옷(ㅅ)' '쌍시옷(ㅆ)'이 파찰되는 '사짜차'는
센입천장 경구개에서 나는 소리,
구개음화 주인공이요
'이응(ㅇ)'은 연구개에서 울리고
마지막 '히읗(ㅎ)'은 후두에서 마찰되는 격음이나니
〈한글〉

C) 무등산은 험한 골짜기를 기르지 않습니다
무등산은 많은 숲으로 치장하지 않습니다
흐르는 물보다 채워지는 물
껴안고 포개지는 물을 사랑합니다
바람이 들려주는 악기처럼
작은 숲이 전하는 이야기
우리 살아온 이야기에
무등산은 내려와 귀를 열고
또 열어줍니다
눈을 감기도 뜨기도 하면서
가만히 웃음을 내려주고
때로는 모른 채
먼 산에 시선을 돌리기도 합니다
무등산은 사람 같은 산입니다
그 사람이 무등산입니다
〈무등산 부〉

D) 맛도 모른 멀건 국과 밥을 함께 말아
당신 밥엔 반찬도 필요 없이
제일 먼저 그릇째 비워버린
미역국밥, 시래기국밥의 주인공이신 어머니
〈바다의 해초〉

E) 조선아, 너는 웃고 있느냐

조선아, 너는 울고 있느냐
나라에 도적이 들어서
가장(家長)은 목숨을 빌붙어 숨고
아낙은 곧잘 치마를 걷는구나
좁쌀 한 됫박에.

〈대한조선〉

　5편의 장시(작은 서사시)에서 한 대목씩 인용하여 보았다. 〈코리아〉는 단군조선 건국에서부터 분단상황까지의 비극적 역사를 개괄한 서사적인 장시로서 인용부분은 삼국의 신라 통일에서 일제치하 망국상황을 전개하였다. 본격적인 서사시가 아니라 개괄적인 서술이어서 '실감'과 '감동'으로 이끌지 못하였고, 〈한글〉은 한자의 속박에서 벗어나고자 과학적인 소리글자를 만들었던 세종어제 훈민정음의 원리를 구체적으로 전개하였다. 역시 가능성은 보여주고 있으나 드라마 〈세종〉처럼 '감동'으로 연결되고 있는지 의구심을 갖게 한다. 〈무등산부〉는 서정성을 담보하고 있어 앞의 시보다 성공작으로 보여진다. 광주 사람들의 마음의 종교요 역사의 증언자요 말없이 가르치는 위대한 스승격인 무등산을 잘 표현하고 있다. 5편 중 가장 성공작으로 보인다. 〈바다의 해초〉 성장기 가난한 아버지 시절의 모습은 리얼하면서도 콧날을 시큰하게 하는 시적 조사가 빼어나다. 아무튼 그 중 한 편에 집중하여 본격적인 서사시를 쓰기 위한 하나의 가능성 시험에서 성공하고 있다. 5천 년의 민족사를 서사시로 쓴다면 그 한 편으로도 일만 행이 모자랄 것이다. 서사시가 소설의 발달로 역사의 피안으로 사라져갔다. 하나, 복고적 의미 그 이상의 새로운 야심에서 〈만인보〉의 고은, 〈남한강〉의 신경림, 〈동소산의 머슴새〉의 문병란, 〈금강〉의 신동엽 등이 있고, 북한에선 집단주의 국책으로 장려, 많은 작품이 창작된 것으로 알려져 있다. 야심을 시험 삼아 가능성만으로 그치지 말고 본격적인 사료史料를 모아 역사적 서사시든 예술적 서사시든 1만 행 목표로 서사시의 싹을 키우기 바란다.19)

4) 빼어난 영역이 이 풍자류의 서정시

현대시의 화두는 역시 세상과 인생에 대한 해학과 풍자를 빼놓을 수 없다.

조선조의 방랑시인 김삿갓(金笠 : 金炳淵)은 역사적 아웃사이더로서 떨려난 삶이었지만 민중시인民衆詩人으로서 불멸의 명성을 가지고 있는데 그 장기가 곧 풍자와 해학으로 양반문학과 다른 민중적 멋이 있었다. 박원영의 시적 가능성을 담보한 또 하나의 빼어난 영역이 이 풍자류의 서정시라 할 만하다.

> A) 강력
> 하고
> 강력한
> 집게발이 양켠으로
> 각각에 따라붙는 발들이 네 개씩
> 전진도 후퇴도 아예 없는
> 임전무퇴, 너는 왜 옆으로만 기는 게냐?
> 이 눈치 저 눈치 살피느라 눈알 빙빙 굴려가며
> 내뺄 구멍, 먼저 파놓고 어기적어기적 옆걸음만 치는 게냐?
> 　　　　　　　　　　－〈게 눈〉 제1연

> B) 프랑똥 씨 가문家門과 꼬레똥 씨 가문家門이 혼사婚事를

---

19) 현대의 서사시는 단순히 길다는 의미보다 소설이나 현대시의 지나친 난해성을 극복하기 위해 새로운 창의성을 가지고 대중적 흥미의 유발을 위한 대안장르로 쓰여야 한다.

맺었죠.
　　　신랑은 프랑똥 씨 가문의 장남, 루이비똥 씨고
　　　신부는 꼬레통 씨 가문의 장녀, 짝퉁씨.
　　　'똥' 가문과 '퉁'가문이죠.
　　　프랑똥 가문의 하객賀客들은 구찌 씨를 비롯,
　　　버버리, 프라다, 샤넬… 등등
　　　향기 있는 가문들의 향기가 진동했고,
　　　(물론 '똥'가문의 향기보다야 못 미쳤지만요)
　　　꼬레 통 가문의 하객(賀客)들은 짜가씨를 비롯,
　　　짜댕, 짜가리, 가리지날… 등등 눈부신 가문들의 눈이
　　　부셨죠.
　　　　　　　　　　－〈루이비똥과 짝퉁〉제1연

C) 옛말에
　　　택시와 낚시는 기다리면 온다 했거늘
　　　지금 말에는
　　　색시나 각시는 기다리면 가버린다 하네.
　　　　　　　　　　－〈옛말에〉제 1연 -

D) 오리의 본 태생은
　　　탐관貪官오汚 씨의 가문家門인
　　　탐관오리貪官汚吏.
　　　본관은 철새 강綱,
　　　기러기 목目의 오리 과科.
　　　아직 어릴 때에는
　　　노란 병아리 떼의
　　　검은 오리새끼.
　　　　　　　　　　－〈오리 발 서울 착着〉제1연

E) 저는 하느님께서 좀 편찮으시겠다는 생각은 합니다
　　　선악과善惡果 탓인지, 좀 가르쳐놓았더니
　　　넥타이에 머릿기름 바르고 어망군데 정신쓰고

217

돈 더 벌겠다, 학위 더 따겠다, 시집장가 더 잘 가겠다
고향도 버리고 하느님도 버리고 해외로 떠나니
불효막심한 놈들, 조매 불편하시겠습니까만
그래도 일손 놓지 마시고, 버리지 마시고, 포기하지 마시고
혼 좀 내주시면 좋겠습니다요
　　　　－〈하느님께 문안을〉 제4연

F) 별빛에 책장 넘기며, 청산靑山에 푸른 피 뿌린
한얼민족 역사바로세우기, 그것도 그만 두세.
역사만도 골치 아픈데 철학까지 끌어다가 백골난망할 것 무엇인가?
영어 하나면 족하지, 외치지 말세末世. 말하지 말세末世.
　　　　－〈 하지 말세론末世論 〉 3연

　6편의 풍자시[20]는 끈적끈적한 근육질의 시로서 씹는 맛을 만끽할 수 있는 최대의 효과를 예상한 그의 요절복통 유머가 지적 냉각기에 식혀서 시원한 크림 맛을 내고 있다. 극약처방의 복어 알 독까지 첨가제로 사용, 촌철살인寸鐵殺人의 위트와 시니시즘 소스를 가미하여 만병통치약 같은, 무슨 현대판 비아그라 정력제를 만들 듯이 정성을 기울이고 있는 폼이 천하일색 미인계를 뺨치고 있다.
　등단작이었던 〈파리바게트의 유혹〉이 결코 우연한 역작이 아니라, 의도된 가작으로서 장차 그의 역발산 기개세의 효과를 모색한, 거창한 음모하에서 다윈의 진화론 같은 숙성과정을 거친 실험작임이 분명하다.

---

20) 풍자시諷刺詩) : Satire는 satura에서 유래된 말이며, 여러 가지 제재를 섞어 만든 잡동사니 시에서 시작했다 요새는 우행愚行이나 악덕을 비꼬는 '수단'으로 쓰며, 비판 공격 저항의 의미를 담는다. 약자가 강자를 공격하는 촌철살인寸鐵殺人의 힘이 있다.

A) 〈게 눈〉은 게 눈 감친다는 말에서 낌새는 알아차렸지만 개화시대 신소설가인 안국선도 무장공자無腸公者 운운하여 당대의 총독부 미움을 사 금서禁書가 되었었다. 역시 대도를 바르게 못 걷는 옆걸음은 소인배가 아닐까. 게걸음치는 반지성인들, 뻘밭 속에서 음모를 꾸미는 눈치족, 철새족, 아부족 모두 옆걸음 명수가 아닐 것인가.

B) 〈루이비똥과 짝퉁〉 ― 똥씨 가문, 퉁씨 가문 혼인식에 참석한 짝퉁 씨 하객, 외제 명가제품 선호사상과 좋은 글, 좋은 말 놔두고 꼬부랑말 배워 미친놈美親놈, 골빈놈骨貧놈 우글거리는 어느 신흥정치가문을 연상시키는 짝퉁 씨 가문의 풍자는 김지하의 똥씨집안이야기糞氏物語 못지않은 재미와 복어 알 사시미 같은 치명적 공격성이 들어있다. 통쾌 상쾌 같은 가요가 있었던가, 배설문학으로선 일품이다.

C) 〈옛말에〉는 유행가조이긴 하나 세태풍자로서 아기자기하다. 가위 말재주가 매콤한 겨자요리 그 이상이다.

D) 〈오리 발 서울 착〉 ― 그 오 씨 성을 가진 오리발을 내미는 오汚 씨가 서울에 착륙, 청계천에 손발을 씻는 중이라는 경계… 서울 분들 모두 하야하시게나. 모두 다 오리발 하나씩 들고서 여의도에서 꽥꽥꽥 기성을 질러대고 있으니 이 땅의 정국 오汚 씨 가문에 의해서 투기꾼들 일망타진 그 날이 언제 올까.

E) 〈하느님께 문안을〉 ― 하나님이 창조했다는 인간은 과연 만물 중에 성공작인가 실패작인가. 희랍신화에 나오는 프로메테우스도 인간을 옹호하다 큰 형벌을 받았는데, 코카서스 형장에서 풀려나 파리 뒷골목을 가보곤 크게 실망했다고 했다. 해외로 떠나려는 놈들을 고발하고 있으며, 아무런 처벌방법도 없는 하느님께 문안드리는 무신론자의 하느님 전前 고발장 같

은 이 시의 효능은 심히 걱정스럽기까지 하다.

F) 〈하지 말세론〉 － 영어교육 강화정책 하나 들고 외치는 하지 말세론末世論, 좌파정권이 왜곡시켰다는 역사바로세우기 그 옆에 역사 먹칠하기 권장으로 빗나가는 시인은 흥부전보다 놀부전을 많이 연구하여 그 심사(시정신)가 많이 꼬이지 않았나 어렴풋이 짐작해 본다. 그러나 풍자는 독약과 같다. 지나치면 치사량에 의해 인명살상도 가능하니 아껴 써야 하는 비방임도 덧붙이고자 한다. 끝으로 그의 최신작最新作 〈바위꽃〉을 전재全載하여 감상함으로써 그의 시적 장래에 대하여 응원의 박수를 보내려 한다. 세상에는 천사의 얼굴을 가장한 악마도 있는 법, 삶의 길에는 노선도 있고 인맥도 있고 아我와 비아非我[21]가 있는 것을 명심하라. 봉사에게 길을 물으면 목적지에 갈 수 없고, 똥개가 짖을 때마다 뒤돌아본다면 목적지에 가기 전에 해가 진다.

개와 사람을 구분할 줄 알아야 비로소 시를 쓸 수 있다는 것도 삶의 무기인바, 시와 함께 가는 길에 봄날 같은 아름다운 우정, 맹물을 마시고도 피를 만드는 무등산 밑 지산동 시대의 시와 고독과 사랑, 잊지 말기 바란다.

* 다음 시에는 앞으로 그가 걸어갈 시문학의 길에 대한 각오가 담겨있어 이 시집의 에필로그로 삼고자 하였다.

바위꽃

---

[21] 단재 신채호선생이 주장한 바, 아(我)는 긍정적인 입장의 우리 파(조선)라면 비아(非我)는 부정적 입장의 적(敵)(일본)을 지칭하는 데서 나왔다. 축하의 자리에서도 천사와 악마가 와서 나란히 꽃다발을 들고 서 있다. 얼굴은 천사이되 마음이 악마라면 식별이 어렵다. 주의해야 할 것이다.

– 무등산 돌밭을 지나며 –

높은 산 중턱 넘어
번지도 와 닿지 않는
무너진 성벽 돌밭을 지나면
사람 얼굴같이,
하늘 보고 누워 있는
널브러진 바윗돌들이 있다

돌마다, 박히고 깎이어
사람들 가슴에서 져버린
꽃이, 꽃들이
거뭇거뭇, 버즘버즘 피어서
피를 흘리듯, 땀에 절이듯,
화석처럼 널브러져 있다

꽃아, 꽃아, 깨어나라
깨어나서 피어나라
천년 바위에 핀 꽃,
네 연약한 꽃잎을 세워
다시금 침묵을 흔들어라
스민 네 향기여, 숨결이여,
저 푸른 하늘이여!

꽃은 연약할수록,
꽃은 아름다울수록,
슬프고도 아름답게 피나니

바위에 핀 꽃은
어느 영혼靈魂,
청사靑史에 아름다운 향기를 지닌다.

2009년 3월 1일
서은문학연구소에서 瑞隱 문병란 씀

박원영 시집

파리바게트의 유혹

초판1쇄 발행 / 2009년 3월 30일
초판2쇄 발행 / 2009년 11월 25일

지 은 이 / 박 원 영
발 행 인 / 서 정 환
주   간 / 채 문 수
편 집 장 / 강 병 석
편   집 / 권은경 김미림

펴 낸 곳 / 도서출판 계간문예
주   소 / 서울시 종로구 익선동 30-6
             운현신화타워 207호
전   화 / (02) 3675-5633
출판등록 / 2005년 3월 9일 제 300-2005-34호
E-mail / qmyes@naver.com

값 9,000원

ISBN 978-89-91926-86-8   03810

※ 저자와 협의, 인지는 생략합니다.
※ 잘못된 책은 바꿔 드립니다.